Stilkunde für Maler

Karl Apel

Stilkunde für Maler

Deutsche Verlags-Anstalt · Stuttgart

Die Deutsche Bibliothek – CIP-Einheitsaufnahme

Stilkunde für Maler / Karl Apel. –
Stuttgart : Deutsche Verlags-Anstalt, 1995
ISBN 3-421-03082-0
NE: Apel, Karl

Schutzumschlagentwurf:
Brigitte und Hans Peter Willberg, Eppstein
Lektorat: Andrea Bartelt
Gesamtherstellung: Friedrich Pustet, Regensburg
Printed in Germany
ISBN 3-421-03082-0

Inhalt

Vorwort

Wissenschaftlich fundierte kunstgeschichtliche Werke über das Bauen und Gestalten in den vergangenen Epochen gibt es zur Genüge. Für den gestalterisch tätigen Handwerker ist es jedoch sehr zeitraubend, sich darin zu vertiefen und die für ihn wesentlichen Fakten herauszufiltrieren. Deshalb wurde diese Stilkunde speziell für diese Berufsgruppe zusammengestellt. Bei der Betrachtung der einzelnen Stilepochen wird leitfadenartig die Entwicklung unserer Baukultur aufgezeigt. Angefangen im alten Ägypten über das klassische Griechenland und Rom sowie die einzelnen Stilepochen der nachchristlichen Zeit bis zur Gegenwart, wird das künstlerische Schaffen der Menschheit aus ihrer jeweiligen Geisteshaltung heraus dargestellt. Dabei wird hervorgehoben, wie sich durch Erfindungsgabe und Einfühlungsvermögen des Menschen eine ungeheure Vielfalt an künstlerischen Mitteln, Formen und technischen Möglichkeiten entwickelt hat.

Ausgehend von der Baukunst in den verschiedenen Zeitabschnitten wird neben den typischen Formelementen eingehend auf die jeweils verwendeten Werkstoffe und die bevorzugte Farbgebung sowie die charakteristische Ornamentik eingegangen.

Weil in der kulturhistorischen Entwicklung des Bauens und Gestaltens die Farbe immer eine wesentliche Rolle gespielt hat, ist an die Betrachtung der einzelnen Stilepochen eine Geschichte der Farbwerkstoffe angefügt.

Mit einem alphabetischen Verzeichnis der wichtigsten Fachbegriffe aus der Baukunst, die kurz erläutert werden, schließt das Buch ab.

Diese Stilkunde soll für den gestalterisch tätigen Handwerker eine Grundlage bei der Instandsetzung und Erhaltung historischer und denkmalgeschützter Bauwerke sein. Dies gilt vor allem für diejenigen Berufsangehörigen, die sich als Restauratoren im Maler- und Lackiererhandwerk weiterbilden und die entsprechende Qualifikation erwerben wollen. Aber auch zur Vorbereitung auf die allgemeine Meisterprüfung, bei der ein Grundwissen über Stilformen verlangt wird, ist dieses Buch eine wertvolle Hilfe. Für junge Maler und Lackierer ist es ein Leitfaden zum besseren Verständnis der Entwicklung des Formenreichtums und der Farbgebung in der Architektur. Aber auch für den interessierten Laien bietet diese »kleine Stilkunde« eine interessante und informative Einführung in die Geschichte der Baukunst und der Malerei.

Typische Bauwerke der ägyptischen Stilperiode sind die Pyramiden. Die bekanntesten sind die von Gizeh.

Ägyptische Periode 3000 bis 300 v. Chr.

Im Anschluß an die jungsteinzeitlichen agrarisch geprägten Kulturen im Orient entstand um 2850 v. Chr. in Ägypten ein mächtiges Staatsgebilde, das bis zum Jahre 332 v. Chr. bestand. Die sich in diesem Zeitraum entwickelnde Kunst stand ganz im Dienste der Religion und besonders des Totenkults.

Bei diesen Plastiken handelt es sich um überdimensionale Darstellungen von Göttern und Pharaonen.

Baukunst

Die herausragenden Bauwerke des alten Ägyptens sind die Pyramiden, die als Grabdenkmäler der herrschenden Pharaonen errichtet wurden, und die weitläufigen Tempel- und Palastanlagen.

Bestieg ein neuer Herrscher den Thron, wurde mit dem Pyramidenbau begonnen. Auf sorgfältig vorbereitetem Baugrund errichtete man den pyramidenförmigen Kern, dessen Äußeres schließlich durch einen schichtenweise umgelegten Steinmantel verkleidet wurde. Die mächtigste unter ihnen, die noch heute erhaltene Cheopspyramide, ist 146 Meter hoch und wurde aus 2 300 000 Steinen von jeweils mehr als einem Kubikmeter Größe zusammengesetzt.

Im Gegensatz zu den Tempeln der Griechen ist der ägyptische Tempel ringsum mit hohen Mauern umgeben, die Säulenhöfe einschließen. Das Eingangstor bilden mächtige Pylone.

Pfeiler und Säulen sind mit Elementen aus der Pflanzenwelt wie Papyrusstauden, Dattelpalmen und Lotosblumen geschmückt. Charakteristisch sind die Bündelsäulen. Der aus Stein geformte Schaft scheint aus einem Bündel von Stengeln oder Stämmen zu bestehen, welche oben durch Ringe oder Bänder zusammengeschnürt sind. Am Fuß befindet sich ein Blätterschmuck.

Die ägyptischen Säulen und Bauten sind ohne Vorbild in einer mehrtausendjährigen Kunstentwicklung entstanden. Die Bauwerke wirken vor allem durch ihre monumentale Größe.

Die Geometrie diente der Archi-

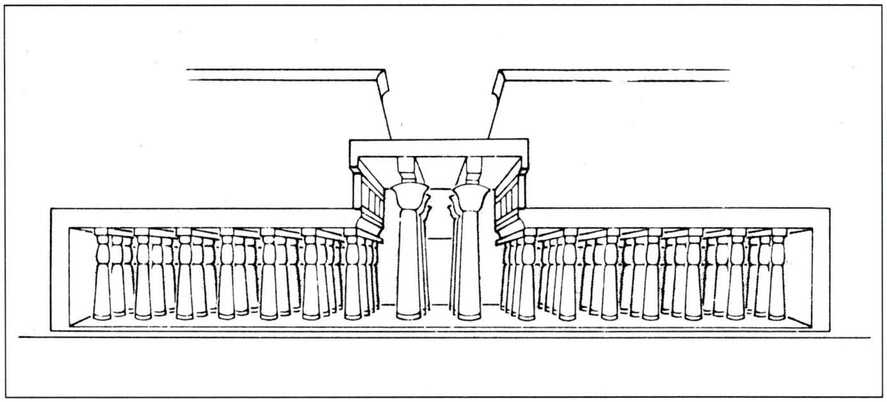

Karnak-Tempel in Luxor (um 1900 v. Chr.). Der ägyptische Tempelbau zeichnet sich durch monumentale Ausmaße aus. Die Zeichnung verdeutlicht die typische Säulenarchitektur.

Der Eingang zu den Tempelanlagen wird von einem Paar mächtiger Pylone gebildet, die eine turmartige Form besitzen. Die Fronten sind mit reliefartigen Motiven geschmückt.

tektur als Grundlage. Den alten Ägyptern waren die Beziehungen des Goldenen Schnittes ebenso bekannt wie verschiedene arithmetische Proportionsreihen. Natürliche Maße, wie Handbreite, Fuß und Elle, wurden angewandt. Die Präzision des Natursteinbaus erreichte in Ägypten höchste Vollendung.

Werkstoffe und Farben

Stein war das am häufigsten verwendete Baumaterial. Palmstämme als Bedachungsmaterial wurden nur für einfachste Gebäude eingesetzt. Überwiegend wurden Kalksteinplatten benutzt, mit denen jedoch höchstens drei Meter überspannt werden konnten. Die Ägypter mußten daher viele engstehende Stützen zu Hilfe nehmen, woraus sich eine ausgesprochene Säulenarchitektur entwickelte. Aufgrund des Totenkults der alten Ägypter, der ein Weiterleben des Menschen nach dem Tode als gegeben ansah, wurden die Grabanlagen und Mumiensärge ebenso farbig ausgestattet wie die Paläste, welche der Herrscher zu Lebzeiten bewohnte.

In den alten Grabanlagen konnten Forscher ermitteln, mit welchen Materialien ägyptische Maler gearbeitet haben.

Als Malgründe dienten sowohl Stein als auch ein mit Gips, später auch mit Kalk hergestellter Putz. Die Bindemittel für die Farben richteten sich nach der Feinheit der Pigmente. Teilweise konnten bis heute nicht alle verwendeten Bindemittel analysiert werden. Fest steht jedoch, daß Blutwasser, aromatische Harze, tierische Leime und Wachs verarbeitet wurden. Möglich ist auch, daß die Bindekraft von Milch und Ei bekannt war und man daraus eine Art Harzemulsion herstellte. Kreide als Farbpigment ist nicht nachweisbar. Man verwendete mit Leim gebundenen Gips. An Buntpigmenten standen Eisenoxide, Ocker, Malachit, Ägyptischblau und Schwarz aus Ruß oder Pflanzenkohle zur Verfügung. Das große handwerkliche Können der Maler jener Zeit läßt sich an der Mumiensargmalerei ablesen. Das rohe Holz wurde durch eine mit Leim gebundene Gipsmasse geglättet, danach wurden plastische Formen aufgebracht. Anschließend erfolgte die Farbfassung, die mit einem lackartigen Schutzüberzug versehen wurde. Teilweise sind auch Vergoldungen angebracht.

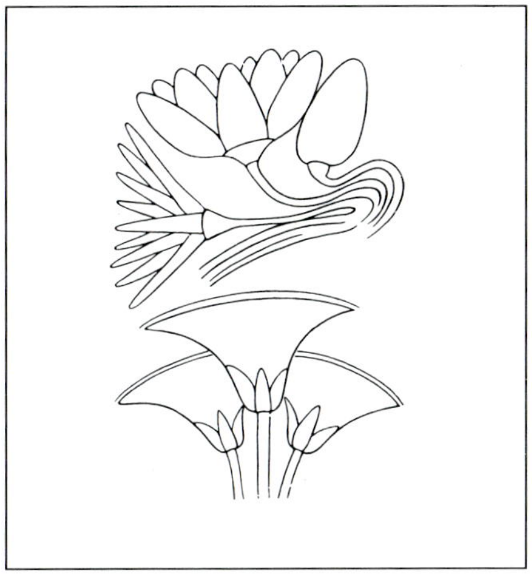

Lotos- und Papyrusblüten sind typische Schmuckelemente der altägyptischen Kunst.

Wandmalereien in den Grabkammern geben Aufschluß über Maltechniken und verwendete Werkstoffe. Sie spiegeln häufig das Leben im alten Ägypten wider.

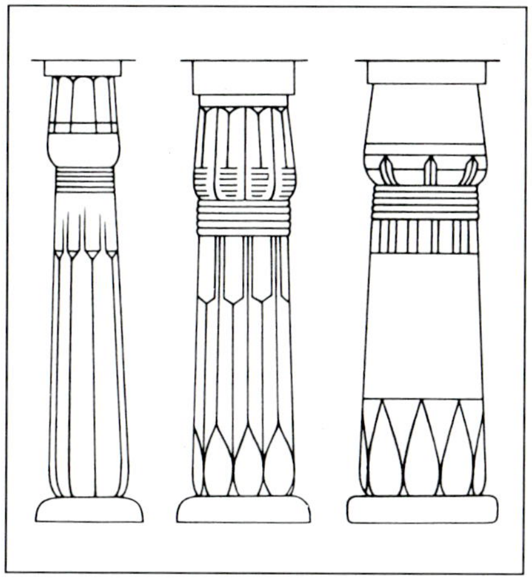

Papyrus-Bündelsäulen.

In Stein gehauene Hieroglyphenschrift an einem Obelisken im Karnak-Tempel.

Säulenkapitelle und Gesimse mit einer aus der Pflanzenwelt entlehnten Ornamentik.

Schrift — Ornamentik — Plastik

Im 3. Jahrtausend v. Chr. entstand die Hieroglyphenschrift, eine in Stein gehauene Bilderschrift. Später entwickelte sich daraus eine Schreibschrift für den Alltag.

Die frühesten Zeugnisse der plastischen Kunst sind kleine, reliefgeschmückte Schminktafeln und Elfenbeinschnitzereien. Etwa um 2700 v. Chr. entstanden lebensgroße, später überdimensionale Figuren. Das bekannteste Beispiel ist die Sphinx von Gizeh. Ein bedeutendes Beispiel der Porträtkunst ist der Kopf der Nofretete. Beliebt waren auch Tierdarstellungen.

Die Wandmalereien in den Grabkammern spiegeln das Leben im alten Ägypten wider. Dabei gehört die Farbigkeit der Jagdbilder und Tierstudien mit zum Schönsten der ägyptischen Kunst. Bei der Darstellung geht es in erster Linie um das Typische und nicht um ein naturgetreues Erscheinungsbild. Eine Perspektive kennt man nicht. Die Figuren werden in flächiger Seiten- oder Frontalansicht dargestellt. In der Ornamentik trifft man auf stark stilisierte Pflanzenmotive, aber auch geometrische Flächengliederungen sowie symbolische Zeichen und scharf abgegrenzte Konturen kommen vor.

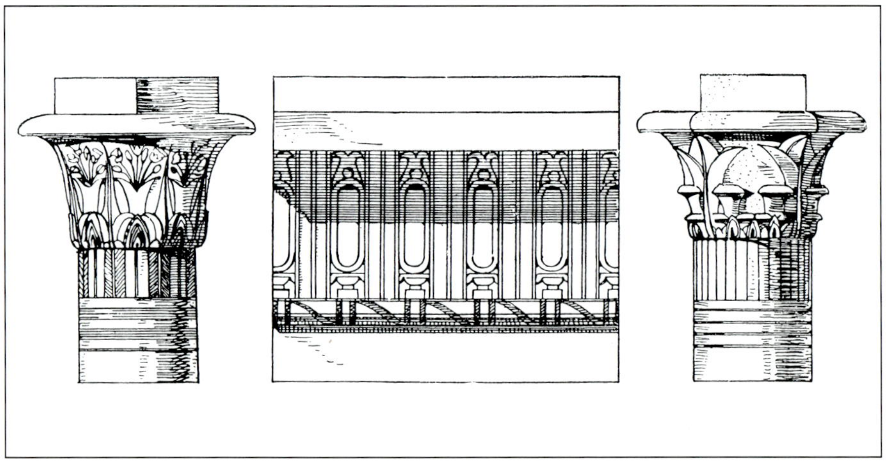

Durch den jahrhundertelangen Handel von Ägypten aus entlang der arabischen Küste nach Norden überlagerten sich die Kulturen des östlichen Mittelmeerraumes. In der vielgestaltigen Küsten- und Inselwelt im Ägäischen Meer entstanden in der Zeit von 2000 bis 1100 v. Chr. die ersten europäischen Hochkulturen, auf der Insel Kreta die minoische und in der Argolis auf der Peloponnes die mykenische.

Im Gegensatz zu den unbefestigten minoischen Palästen errichteten die Mykener trutzige Fürstenburgen, wie dies am Haupteingang zur Akropolis von Mykene, dem Löwentor, abzulesen ist.

Baukunst

Die bedeutendsten Zeugnisse der minoischen Architektur sind die Palastbauten auf der Insel Kreta (Knossos, Phaistos, Malia).
Ein verzweigtes labyrinthisches System von Räumen und Gängen ist um einen großen Zentralhof als Mittelpunkt angeordnet. Ein gut ausgebautes Kanalisations- und Wasserleitungssystem, Magazine, Schlaf- und Wohnräume sowie Badezimmer und großzügig angelegte Treppenanlagen zeugen von einer hochstehenden Bautechnik.

Neben den aus großen Quadern errichteten Mauern ist die minoische Säulenordnung charakteristisch für diese Stilepoche: Es handelt sich um Holzstützen mit nach unten verjüngtem Schaft. Oberhalb des polsterartigen Kapitells befindet sich eine quadratische Deckplatte, auf der die Tragkonstruktion des Daches ruht. Typisch für den minoischen Baustil sind die überall anzutreffenden, stilisierten Stierhörner.

Die mykenische Baukunst wurde stark von den Minoern beeinflußt. Aber im Gegensatz zu den unbefestigten minoischen Palästen errichteten die Mykener auf der Peloponnes trutzige, abwehrende Fürstenburgen (Mykene, Tiryns). Neben

Kyklopen-Mauerwerk aus kaum behauenen Steinen trifft man an repräsentativen Stellen auch sorgfältig behauenes Quadermauerwerk an. In der Mitte der Burganlage steht an höchster Stelle der Palast.

Typisch für die mykenische Kulturepoche sind die Kuppelgräber: Auf kreisförmigem Grundriß wurde aus behauenen Steinen eine bienenkorbförmige Kuppel errichtet. Entweder wurde sie in eine Hügelflanke eingebaut oder über ihr ein runder Hügel aufgeschüttet.

Die bedeutendsten Zeugnisse minoischer Architektur sind die Palastbauten. Hier die teilweise wiederhergestellte Säulenhalle am Nordeingang des Palastes in Knossos auf Kreta. Die untere Abbildung zeigt den Nordeingang nach einer Rekonstruktionszeichnung des Engländers A. Evans, der um 1900 die Palastanlage ausgegraben und erforscht hat.

Werkstoffe und Farben

Die Innenwände der minoischen und mykenischen Palastbauten waren mit Putz versehen, der anschließend mit farbigen Ornamenten und Wandbildern bemalt wurde. Meistens wurde ein Kalkputz, bestehend aus Kalk, Sand, Kieselsteinen und Tonscherben, verwendet. Er wurde stets in mehreren Schichten aufgetragen. In Knossos hat man eine Putztechnik entdeckt, die aus einem zweilagigen Feinputz aus reinem Kalk bestand.

Die Wandmalereien wurden überwiegend in Freskotechnik ausgeführt; die Palette der Farben umfaßte alle Grund- und Komplementärfarben. Sie wurden aus Pflanzen und Mineralien gewonnen, aber auch aus Purpurmuscheln. Man malte die Farben ohne Bindemittel direkt auf den noch frischen und nassen Kalkputz. Dadurch konnten die Farbteilchen tief in die Putzschicht eindringen und wurden während des Abbindevorgangs des Kalkes gefestigt.

Man kannte damals aber auch die normale Kalkfarben- und Kaseinfarbentechnik.

Eine der bedeutendsten minoischen Wandmalereien ist das Stierspringer-Fresko aus dem Palast von Knossos (1600 bis 1400 v. Chr.).

Während die Minoer die Körper der Personen nur im Profil und mit anmutigen Gebärden darstellten (untere Abbildung), wählten die Mykener eine kompaktere Darstellung, wobei der Körper frontal und der Kopf im Profil gezeigt werden (obere Abbildung). Damit wird zum erstenmal in der griechischen Kunst eine dritte Dimension in Form der Bewegung dargestellt.

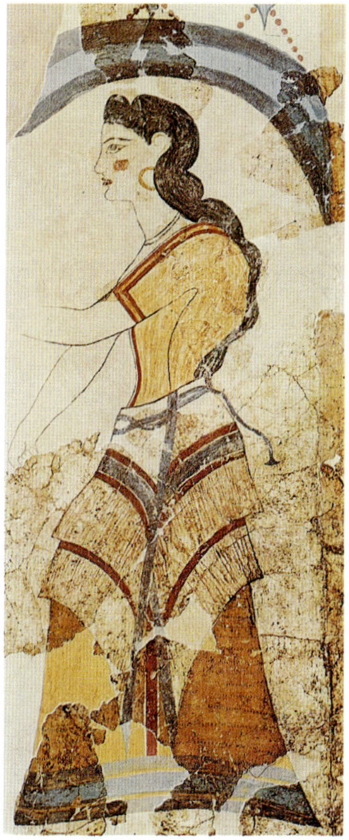

Schrift — Ornamentik — Plastik

Die älteste Schrift auf Kreta war eine Hieroglyphenschrift, die bis heute noch nicht entziffert werden konnte. Eines der bekanntesten Fundstücke ist der Diskos von Phaistos. Er ist beidseitig mit in Ton eingedrückten Zeichen versehen. Es handelt sich dabei um das älteste Zeugnis eines mit fortlaufenden Drucktypen gesetzten Textes. Etwa um 1450 v. Chr. wurden von den Minoern die sogenannte Linear-A- und Linear-B-Schrift benutzt. Zwei Zeichenschriften, von denen bisher nur die zweite entziffert ist.

Die angewandte Ornamentik entstammt der damaligen Pflanzen- und Tierwelt. Die Dekors auf Vasen und Gebrauchsgegenständen sind vielfarbig und zeugen von großem Können. Aus den Wandmalereien mit ihren verblüffenden Farbzusammenstellungen und den harmonisch entworfenen Formen spricht eine Lebenswelt, die durch Sensibilität und Vorliebe für die Bewegung bestimmt war. Letzteres zeigt sich auch in der Plastik, wo Menschen in der Bewegung, z. B. als Stierspringer aus Elfenbein, dargestellt sind. Meistens handelt es sich um Kleinplastiken. Monumentale Figuren wie im alten Ägypten gibt es nicht. Gegenüber der leichten und lichten Weltanschauung der Minoer haben die Mykener eine kräftigere und dynamischere Weltsicht, die sich in der Schöpfung männlicher, kompakter Figuren niederschlägt. In der Wandmalerei werden die Körper der Personen nicht mehr im Profil wie bei den Minoern dargestellt, sondern der Körper frontal und der Kopf im Profil. Dadurch

Der Diskos von Phaistos ist das älteste Zeugnis eines mit fortlaufenden Drucktypen gesetzten Textes (2000 bis 1700 v. Chr.).

Keramikarbeit aus der Zeit um 2000 bis 1700 v. Chr.

Tontäfelchen mit eingeritzter Linear-A-Schrift. Sie konnte bisher nicht entziffert werden.

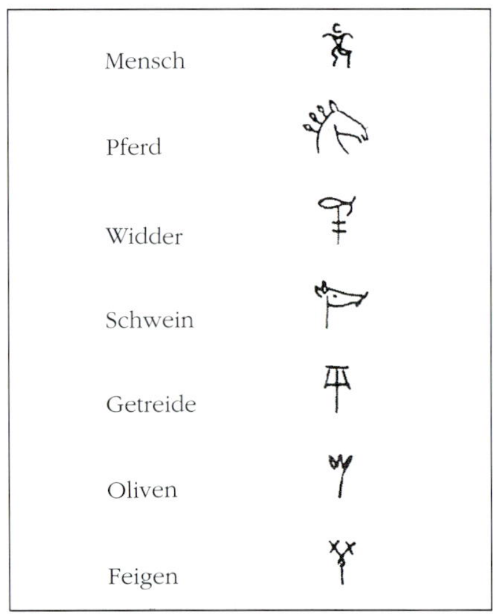

Die Linear-B-Schrift basiert auf Begriffszeichen. Sie wurde erst 1952 entziffert.

wird zum erstenmal in der Geschichte der griechischen Kunst eine dritte Dimension in Form der Bewegung dargestellt.

Die ältesten Beispiele des griechischen Monumentalreliefs sind die Grabstelen der Mykener. Darstellungen von Geräten und Tieren sind räumlich angeordnet und stehen nicht auf gleicher Höhe. Die Spirale dient als dekoratives Motiv und wird mit großer Sicherheit in eine Komposition eingefügt.

Viele Elemente aus dem künstlerischen Schaffen der Mykener werden später in der Hochblüte der griechischen Kultur wieder auftauchen, dann jedoch vollkommener.

Die Bedeutung der griechischen Kunst für das abendländische Europa liegt in der Entdeckung der Darstellung von Schönheit und Harmonie des menschlichen Körpers sowie in der Entwicklung von Tempelbauformen, deren architektonische Ausgewogenheit vorbildlich für späteres Bauen wurde.

Die Anfänge des griechischen Stils liegen im 12. Jahrhundert v. Chr., im Anschluß an die spätmykenische Kultur; die Epoche endet etwa um die Zeit kurz vor Christi Geburt.

Korinthisches Kapitell mit dem typischen Akanthusblattmotiv.

Baukunst

Um 600 v. Chr. entstanden die ersten Tempelbauten aus Stein. Ihre Grundform war die Cella, in der das Standbild des Gottes oder der Göttin aufbewahrt wurde. Diesem Kultraum war anfangs nur eine Vorhalle, später ein Säulenumgang, zugeordnet. Für den Aufbau aus Säulen, Gebälk und Giebel gab es eine feste Ordnung, die sich im Laufe der Jahrhunderte zu drei Stilrichtungen entwickelte: dorisch, ionisch und korinthisch.

Am deutlichsten lassen sich die charakteristischen Merkmale der Stilrichtungen an den Säulen ablesen, deren Bestandteile die Basis, der kannelierte Säulenschaft und das Kapitell sind.

Die dorische Säule wirkt schwer und gedrungen und besitzt einen stämmigen Schaft, der sich nach oben leicht verjüngt und direkt auf dem Steinboden steht. Das Kapitell besteht aus einem Säulenwulst (Echinus) und einer quadratischen Steinplatte (Abakus).

Die ionische Säule ist schlanker. Das Kapitell ist mit zwei schneckenartig eingerollten Voluten versehen, die zusätzlich eine Perl- oder Eierstabverzierung tragen. Die Basis besteht aus mehreren Wulst- und Kehlplatten.

Die griechischen Säulenordnungen.

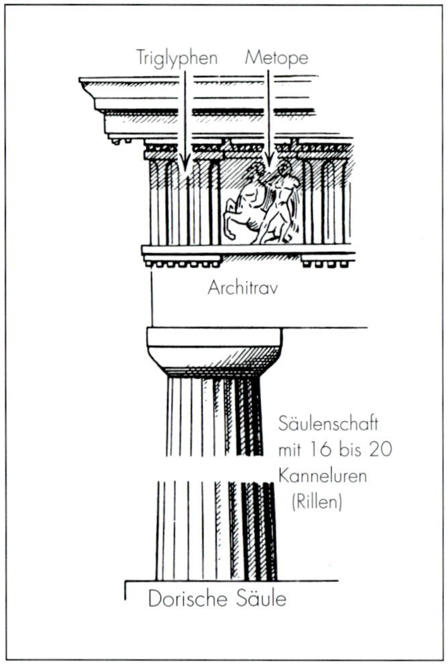

Rekonstruktion des Apollon-Tempels in Delphi (um 500 v. Chr.).

Die vollkommenste Schöpfung der griechischen Architektur ist der Parthenontempel auf der Akropolis in Athen (447 bis 432 v. Chr.). Er weist eine typische dorische Säulenordnung auf.

Teil vom Gebälk des Niketempels mit ionischer Säulenordnung.

Die korinthische Säule gleicht mit Ausnahme des Kapitells der ionischen. Stilisierte Akantusblätter wachsen aus dem Säulenhals doppelreihig heraus. Durch diese blütenartige Form wird die Funktion des Tragens scheinbar aufgehoben. Das Dachgebälk des Tempelbaus gliedert sich in Architrav (auf den Säulen aufliegender, steinerner Hauptbalken), Fries (Schmuckfeld über dem Architrav, in der dorischen Ordnung mit Triglyphen und Metopen, in der ionischen und korinthischen Ordnung glatt oder skulptiert durchlaufend) und Kranzgesims. Über dem Dachgebälk erhebt sich an den Front- und Rückseiten des Tempels das Giebelfeld mit Figurenreliefs.

Farbrekonstruktion der Vorhalle zum Parthenontempel auf der Akropolis in Athen.

Werkstoffe und Farben

Als Werkstoff für die Kultbauten verwendeten die Griechen in frühesten Zeiten Holz. Später ging man zu Kalkstein und Marmor über. Ohne Mörtel wurden die behauenen Steine aufeinandergesetzt und durch mit Blei vergossene Eisenklammern zusammengehalten.

Die Tempelfassaden waren entweder mit eingefärbtem Putz überzogen oder der Stein direkt mit einer Farbfassung versehen. Figuren in den Giebelfeldern und Verzierungen waren grellblau, grün oder rot gefaßt sowie teilweise vergoldet. Die angewandten Maltechniken dürften ähnlich der in Ägypten bekannten Enkaustikmalerei gewesen sein. Auf den eingefärbten Putz bzw. die farbigen Fassungen der Skulpturen wurde zum Schutz gegen Witterungseinflüsse eine mit Meerwasser präparierte Wachsmasse aufgetragen. Durch das Eindringen des verflüssigten Wachses durch die Farbschicht in den porösen Untergrund bekam die Farbfassung ihre Festigkeit. Putze stellte man aus Kalk und Marmorsand her. Als Bindemittel für Farbanstriche und Malereien dienten auch tierische Leime, Kasein oder Ei. Kreide, bunte Erdfarben (wie Okker, Rötel oder Grüne Erde) und Mineralfarben (wie Azurit, Ägyptischblau oder Grünspan) dienten als Farbpigmente. Auch bediente man sich organischer Farbstoffe, wie zum Beispiel Purpur oder Indigo zum Abtönen der Farbfassungen. Vergoldungen wurden mit Blattmetallen, die allerdings stärker als heute üblich waren, ausgeführt. Als Haftmittel verwendete man auf Marmor Eiweiß und auf Holz eine Leimmischung. Auch war die Herstellung einer Art Vergoldergrund schon bekannt, wie wir ihn bei der Polimentvergoldung kennen.

Schrift — Ornamentik — Plastik

Die Buchstaben der griechischen Schrift werden auf fast quadratischer Grundfläche aus rein geometrischen Formen (Gerade, Dreieck, Kreis) gebildet.

In der griechischen Stilepoche häufig verwendete Ornamente.

Ein seltenes Zeugnis der griechischen Malerei ist diese Holztafel aus dem Jahre 540 v. Chr., gefunden in der Höhle von Pitsa bei Korinth

Die Schrift haben die Griechen vermutlich von den Phöniziern übernommen (11. Jh. v. Chr.). Sie wurde jedoch stark verändert und durch Hinzufügen von Vokalen (Selbstlauten) ergänzt. Daraus entwickelte sich das erste Alphabet, welches Grundlage aller übrigen europäischen Alphabete wurde. Man benutzte nur Großbuchstaben.

Die Plastiken nahmen seit dem 6. Jh. v. Chr. immer mehr menschliche Größe an. Ihre Formen wandelten sich von der starren Frontalansicht zur echten Rundplastik. Der

Mäander

Wellenband

Herzblatt

Lotos-Palmettenfries

Perlstab

Eierstab

Kombination unterschiedlicher Ornamente an einem Gesims

Mensch als das Maß aller Dinge wurde in seiner ganzen Schönheit und mit selbstverständlicher Natürlichkeit dargestellt.

Die Ornamentik ist uns besonders durch die Vasenmalerei erhalten geblieben, die besonders in Athen und Korinth eine Hochblüte erlebte. Man unterscheidet die schwarzfigurige (seit dem 7. Jh. v. Chr.) und die rotfigurige Stilrichtung (530 v. Chr.). Bei der ersteren werden die figuralen Formen mit schwarzer Farbe ausgefüllt und Einzelheiten durch feine Ritzungen herausgearbeitet. Bei der rotfigurigen Stilrichtung wird das Verhältnis umgekehrt. Die Figuren bleiben auf dem roten Grund stehen, und der Hintergrund erhält eine schwarze Fassung. Es werden häufig Szenen aus der Mythologie dargestellt oder eine Ornamentierung durch geometrische Formen vorgenommen. Mäander- und halbkreisförmige Muster trifft man an, die später mit Tierdarstellungen und Szenen aus dem menschlichen Leben vermischt wurden.

Originale Tafel- und Wandmalereien der griechischen Stilepoche sind nicht erhalten und uns nur durch antike Beschreibungen bekannt. Sie dürften aber der Vasenmalerei ähnlich gewesen sein.

Nicht nur die Tempelbauten trugen Farbfassungen, sondern auch zahlreiche Plastiken. Bei dieser Figur ist die Bemalung der Gewänder in sehr gutem Zustand erhalten (um 500 v. Chr.).

Rotfigurige Vase (470 v. Chr.). Darstellung aus der Herakles-Sage.

Schwarzfigurige Vase (620 v. Chr.). Kampf des Herakles mit einem Kentauren.

Luftansicht des Amphitheaters in Verona.

Die Kunst auf römischem Boden ist aus der Verschmelzung etruskischer und griechischer Elemente erwachsen. Bereits um 500 v. Chr. übten die Griechen großen Einfluß auf die Baukunst im Süden Italiens aus, während im Norden der etruskische Einfluß vorherrschte. Der eigentliche römische Stil bildete sich erst im ausgehenden 2. Jahrhundert v. Chr.

Außenansicht des Kolosseums in Rom. Der massive Mauerbau wird durch Pilaster, Halbsäulen und Bögen gegliedert.

Baukunst

Beim Tempelbau hielt man lange an der etruskischen Form fest. Der Kultbau stand auf einem Podium, zu dem an der Frontseite eine Freitreppe hinaufführte. Aus der griechischen Kunst wurden die Säulenordnungen übernommen, aber oft nur als Halbsäule den Cellawänden vorgelagert. Wegen der größeren dekorativen Wirkung bevorzugten die Römer die korinthische Ordnung und entwickelten im Laufe der Zeit das Komposit-Kapitell, eine Mischung aus ionischen und korinthischen Elementen. Von großer Bedeutung in der römischen Architektur sind die vielen Repräsentativ- und Nutzbauten, wie Amphitheater, Triumphbögen, Thermen, Wasserleitungen, Gerichts- und Markthallen sowie Versammlungsplätze (Foren). Zur Überdachung großer Räume wendete man den Gewölbebau an, zuerst das einfache Tonnengewölbe, später das Kreuzgewölbe und schließlich den Kuppelbau.

Durch die Verbindung von massiven Gewölbekonstruktionen und den dekorativen Gebrauch griechischer Säulenordnungen entstand ein völlig neuer Gebäudetyp. Der massive Mauerbau wird, sowohl dekorativ als auch funktional, durch

Bedeutungsvoll in der römischen Architektur sind die Nutzbauten, wie z. B. die Wasserleitungen. Hierbei mußten oft Taleinschnitte durch Aquädukte überbrückt werden.

Im römischen Gliederungssystem der Wände dienten die Säulen weniger als Stützen, sondern mehr als dekorative Elemente. Dabei verwendete man unten dorische, in der Mitte ionische und oben korinthische Säulen.

Charakteristisch für die römische Architektur ist die Anwendung des halbkreisförmigen Bogens mit radial angeordneten Ziegelsteinen. Das Prinzip des Bogenbaus führte zu der Konstruktion von Tonnen- und Kreuzgewölben.

Die römischen Tempel standen im Gegensatz zu den griechischen auf einem Podium, zu dem an der Frontseite eine Freitreppe hinaufführte.

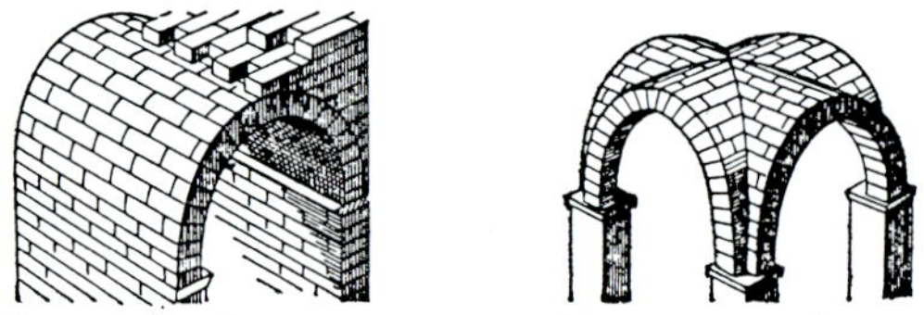

Nîmes, Maison Carrée 1. Jh. v. Chr., röm.-korinthischer Pseudoperipteros mit Vorhalle; Freitreppe zwischen Mauerflanken.
P Portikus; H Halbsäule; C Cella; Po Podium

Säulen, Pilaster, Halbsäulen und Bögen gegliedert. Der Bogen ist, wie die Säule, wesentliches Bauglied. Die Einführung des Bogens, die Verbindung von Bogen und Pfeiler, die Reihung zu Arkaden sowie die Überwölbung von Räumen sind ureigene Leistungen der Römer.

Werkstoffe und Farben

Als Baustoffe dienten Natur- und Ziegelsteine, die mit Mörtel verbunden wurden. Von besonderer Bedeutung für die Entwicklung der römischen Architektur war die Erfindung eines betonartigen Mörtels, dessen Hauptbestandteile Kalk und Sand waren.

Zur Verkleidung der Wände stand eine große Anzahl von Granit- und Marmorarten zur Verfügung. Blendfassaden aus Ziegelwerk waren ebenfalls üblich.

Fußböden wurden häufig mit Mosaiken geschmückt. Aus vielfarbigen kleinen Steinchen entstanden Kunstwerke, die Zeugnis vom Leben in der römischen Zeit ablegen.

Die Innenwände der »besseren« Wohnhäuser waren farbig. Auf einer fünf bis acht Zentimeter dicken Putzschicht wurde in Freskotechnik gemalt. Neben Weiß und Schwarz kamen gelbe, rote, braune, blaue, grüne und violette Töne zur Anwendung. Sie wurden meist aus den in der Natur vorkommenden Erden und Metalloxiden gewonnen.

Neben Leim und Wachs als Bindemittel war auch ein Firnis, der aus Leinöl hergestellt wurde, bekannt.

Zu Ehren der Siege des jeweiligen Herrschers errichtete man Triumphbögen mit plastischen Darstellungen der Kämpfe und eingemeißelten Inschriften.

Fußbodenmosaik aus einer Villa in Piazza Amerina auf Sizilien (300 n. Chr.).

Wandgemälde aus dem Haus der Livia in Rom (1. Jahrhundert n. Chr.). Gartenszenen waren eine bevorzugte Innendekoration.

Die Römer übernahmen von den Griechen die korinthische Säulenordnung und entwickelten daraus das Komposit-Kapitell, eine Mischung aus ionischen und korinthischen Elementen.

Etwa um 100 v. Chr. entstand die römische Steinschrift, die Capitalis monumentalis. Sie ist durch Umbildungen aus dem griechischen Alphabet entstanden. Ihr charakteristisches Aussehen wurde vom Flachpinsel beeinflußt, der zum Vorschreiben verwendet wurde. Danach schlug man die Buchstaben mit dem Meißel in den Stein. Die zur gleichen Zeit mit der Rohrfeder auf Pergament geschriebene Capitalis quadrata wirkt weicher und flüssiger.

Statue eines Redners (2. Jahrhundert v. Chr.). Die Figur gehört zu den überzeugendsten Darstellungen der römischen Epoche.

Beispiele häufig verwendeter römischer Ornamente.

Bukranionfries (Bukranion= griech. Rinderschädel)

Römischer Rankenfries

Schrift — Ornamentik — Plastik

Die Buchstaben der römischen Kapitalschrift wurden aus der griechischen Schrift abgeleitet. Aus ihr sind später alle abendländischen Schriften entstanden. Das wechselnde Spiel zwischen gradliniger und runder Form entspricht dem Prinzip römischer Bauten. Die Schrift bestand nur aus Großbuchstaben und wurde mit dem Meißel in Stein oder Marmor gehauen. Geprägt wurde sie aber nicht vom Steinmetz, sondern vom Schreiber, der die Steine vorher mit einem unbekannt gebliebenen Werkzeug, das wir uns wie einen Flachpinsel vorstellen können, beschriftete.

Auf dem Gebiet der Plastik vollzog sich ein bedeutsamer Wandel von der griechischen Freifigur zur römi-

Die römische Wandmalerei aus einer Villa bei Neapel (50 v. Chr.) ist ein Beweis für den gekonnten Umgang mit Farben und den hohen Stand der Farbenherstellung (linke Abbildung).

Pompejanisches Wandgemälde in der Villa der Mysterien (50 v. Chr.).

schen Nischenfigur. Dadurch wird sie stärker in die Architektur eingebunden. Es wurden vorwiegend Standbilder der regierenden Herrscher angefertigt. In der Reliefkunst stellte man historische Ereignisse dar, die einem geschichtlichen Bilderbuch gleichen. Der imperialistische Gedanke Roms spiegelt sich in allen Werken wider. Die römische Wandmalerei stand unter griechischem Einfluß. Man unterscheidet hier vier Stilperioden: In der ersten Periode wird die Architektur durch Farbe nur angedeutet. Die Wand bleibt als Fläche bestehen und wird durch aufgemalte Säulen, Girlanden und Pilaster belebt.

Bei dem darauffolgenden, sogenannten Architekturstil werden Architekturdurchblicke auf eine zweite, ähnlich geschmückte Wand dargestellt. Ebenso werden Ausblicke auf Landschaften gemalt, die mit einer reichen, meist linearen Ornamentik den Raum optisch erweitern. In der dritten Stilperiode findet eine Rückkehr zur flächigen Behandlung der Wand statt. Man gliedert zwar in Felder und entfaltet eine prachtvolle Ornamentik mit Tier- und Pflanzendarstellungen sowie Stilleben, vermeidet aber jede Raumtäuschung. In der vierten Phase schmückt man die Wände wieder mit phantasievollen Scheinarchitekturen in bunten und leuchtenden Farben.

In der spätrömischen Zeit geht in der Malerei das Interesse an räumlichen Darstellungen verloren. Figuren werden in frontaler Stellung vor einem in skizzenhafter Manier gemalten Hintergrund dargestellt.

Aus der Basilika entstand die Urform des christlichen Kirchenbaus. Schemazeichnung der Basilika San Apollinare in Classe bei Ravenna (549 n. Chr.).

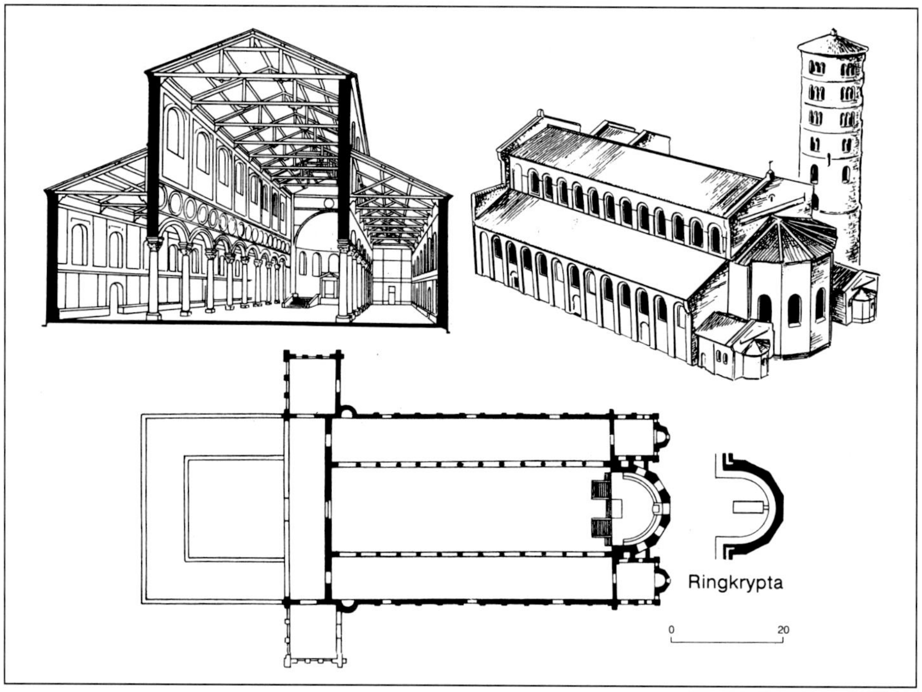

Schemazeichnung einer Kreuzkuppelkirche (San Lorenzo Maggiore in Mailand, 355 bis 372 n. Chr.). Eine zentrale Kuppel wird von vier zweigeschossigen, halbkreisförmigen Räumen mit Halbkuppeln eingefaßt.

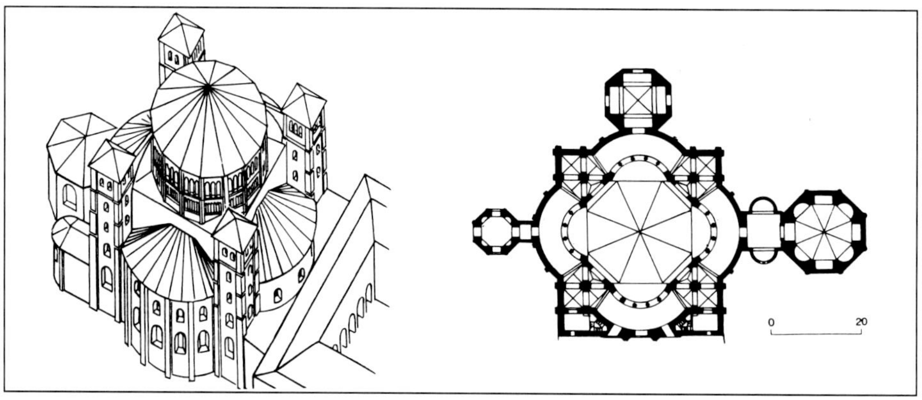

Frühchristlich-byzantinische Periode 300 bis 600 n. Chr.

Mit der Erhebung des christlichen Glaubens zur Staatsreligion im Römischen Reich um das Jahr 380 und der Ernennung der Stadt Byzanz (Konstantinopel) zur neuen Hauptstadt des oströmischen Reiches entstand aus der Wechselbeziehung zwischen weströmischem und oströmischem Reich eine enge Verknüpfung der bildenden Künste. Man spricht daher von der frühchristlich-byzantinischen Kunstepoche.

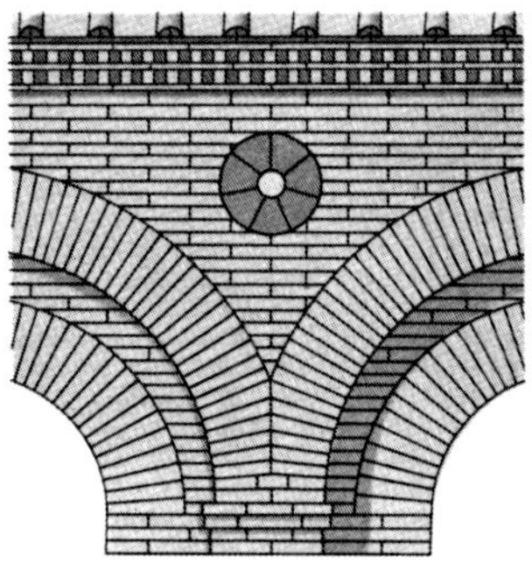

Bogen und Wandstruktur aus Ziegeln

Ziegelfries

Wandstrukturen aus Ziegelsteinen.

Baukunst

Im 4. Jahrhundert entstand aus der Basilika die Urform des christlichen Kirchenbaus. Die Basilika als Bauform war bereits den Römern bekannt und diente als Versammlungsraum für weltliche Anlässe.

Die Basilika besitzt einen langgestreckten Rechteckgrundriß mit einem hohen Mittelschiff und zwei anschließenden niedrigeren, abgeschrägten Seitenschiffen. Als Kirchenbau des Christentums ist das Bauwerk in Ost-West-Richtung ausgerichtet.

Das Langhaus wird durch eine gedeckte Vorhalle betreten. Das breitere Mittelschiff ist innen gegen die beiden schmaleren Seitenschiffe durch Säulen abgetrennt. Diese Säulen tragen die auf Architrave oder Rundbögen aufgestützten Oberwände des Mittelschiffs. Den Abschluß des Mittelschiffs nach Osten bildet ein mächtiger Bogen (Triumphbogen), an den sich eine halbkreisförmige Apsis anschließt, in welcher der Thron des Bischofs und der Altar stehen.

Die Außenwände sind durch Fenster durchbrochen. Oberhalb bzw. unterhalb der Fensterzonen sind die Innenwände mit Wandbildern und reicher Ornamentik versehen. Den oberen Raumabschluß bildet ein offener Dachstuhl oder eine Kassettendecke. Charakteristisch für den Baustil dieser Zeit ist das Würfelkapitell in Form eines nach unten abgerundeten Kubus. Während sich der Bautyp der Basilika überwiegend im westlichen Teil des Römi-

Sopocani, Klosterkirche. Außenansicht von Südwesten. Deutlich ist die basilikale Form zu erkennen.

Inmitten moderner Hochhäuser von Athen steht diese alte, im byzantinischen Stil erbaute Kirche aus der ersten Hälfte des 11. Jh. Die Kreuzkuppelform ist deutlich ablesbar.

schen Reiches durchsetzt, verwendet man im östlichen Teil für den Kirchenbau Zentralbauten. Das Bauwerk besitzt einen architektonisch betonten Mittelraum mit rundem oder quadratischem Grundriß. Charakteristisch ist der kuppelförmige Deckenabschluß, der auch bei den Nebenräumen verwendet wird. Man spricht hier von Kuppel- bzw. Kreuzkuppelkirche.

Werkstoffe und Farben

Im oströmischen Bereich herrscht der Werksteinbau vor, während man im Westen der römischen Ziegelbauweise den Vorzug gibt. Das Äußere der frühchristlichen Kirchen ist schlicht. Zur Belebung und farbigen Strukturierung erfolgt ein schichtenweiser Wechsel im Steinmaterial. Bei der Ziegelsteinbauweise wird eine Wandgliederung durch friesartig übereck gestellte Ziegelsteine oder ornamentartiges Einfügen von verschiedenfarbigen Ziegelplatten geschaffen.

Die ältesten frühchristlichen Malereien befinden sich in den Katakomben Roms. Sie wurden auf mit weißer Kalkfarbe gestrichenen Stuck gemalt. Neben der reinen Freskotechnik tritt später eine Kalkfarben- und Kalkkaseinmalerei auf. Bei späteren Basilikabauten bestimmen Weiträumigkeit, Klarheit und Großflächigkeit den innenarchitektonischen Charakter. Fußboden, Wände und Decke ergänzen sich zu einem farbigen Gesamtbild. Der polierte Stein der Säulen und die dadurch entstehenden Glanzlichter nehmen den Bauelementen die Schwere. Auf den Wänden erstrecken sich Bildzyklen, die sich zwischen den Fensterzonen bis an die Decke fortsetzen. Teilweise sind auch die Holzdecken mit der gleichen Feldeinteilung wie der Fußboden bemalt.

Die ursprünglich symbolisch durchwirkte Katakombenmalerei entwickelt sich ab dem fünften Jahrhundert mit Hilfe der Mosaiktechnik zu einer auch sehr repräsentativen Darstellungsform.

Heerscharen von Engeln und Aposteln schreiten über die Wände, umrankt von Bäumen und Sträuchern. Durch die Verwendung reiner Farben ohne Tiefenandeutung wird die Wirkung gesteigert. Blau und Gold sind häufig die vorherrschenden Farben. Figuren vor einem ganz aus Goldmosaiksteinchen bestehenden Hintergrund strahlen eine Leuchtkraft aus, wie sie mit keinem anderen Werkstoff zu erreichen ist.

Mausoleum der Galla Placida (430 n. Chr.). Die Gewölbe werden von Mosaiken überzogen. Der beherrschende tiefblaue Hintergrund steht im Kontrast zu den sehr hell gehaltenen Figuren.

Die Mosaikkunst kam im 5. Jahrhundert zu großer Blüte. Das Beispiel aus Ravenna (unten links) ist aus Naturmarmor und glasierten Steinchen sowie Glaswürfeln mit Goldüberzug zusammengesetzt, wobei die Goldwürfel nur zum Schmuck der Gewänder und zur Betonung der ornamentalen Umrandung der Bildfelder angewandt wurden.

Auf den Wänden der frühchristlichen Kirchen erstrecken sich Bildzyklen, die sich bis an die Decke fortsetzen. Es handelt sich dabei meist um Darstellungen aus der biblischen Geschichte (Zug der Jungfrauen aus der Kirche Sant' Apollinare, 549 n. Chr.).

Die ersten religiösen Werke der Christen wurden in der Unziale geschrieben. Aus der ursprünglich reinen Großbuchstabenschrift entwickelte sich die Halbunziale, die bereits den Charakter der Kleinbuchstabenschrift aufweist.

Byzantinisch-frühchristliche Kapitelle.

Schrift — Ornamentik — Plastik

Die frühchristliche Symbolik und Ornamentik leitete sich zum Teil aus antiken Vorbildern ab, nahm aber mit Beginn des Heiligenkultes eigene Formen an. Von Denkmälern frühchristlicher Kunst ist nicht viel mehr übrig geblieben, als Stein- und Glasmosaiken und einige Miniaturmalereien aus alten Handschriften.

Bezeichnend ist die Ausbildung einer formschönen Schrift, die sogenannte Unziale. Sie ist anfangs noch eine reine Großbuchstabenschrift, die sich aus der römischen Capitalis entwickelte. Später entsteht daraus die sogenannte Halbunziale mit stark ausgeprägten Ober- und Unterlängen, die bereits den Charakter einer Kleinbuchstabenschrift besitzt.

Erhaltene Denkmäler der frühchristlichen Plastik sind Sarkophagskulpturen, welche die Wunder Christi und herausragende Geschehnisse aus dem Alten Testament darstellen. Der Schmuck der Flächen wird durch die Wirkung der reinen Farben erhöht. An die Stelle von wuchernden und plastischen Ranken tritt eine spitzenhafte Musterung von feinsten Durchbrucharbeiten. Anstatt üppiger Blattkapitelle finden wir kastenförmige Blöcke, die mit Flechtwerk überzogen sind.

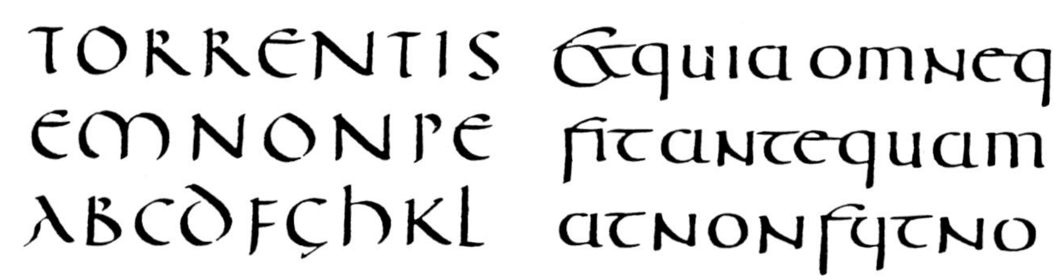

Unziale, 5. Jahrhundert n. Chr.   Halbunziale, 5. Jahrhundert n. Chr.

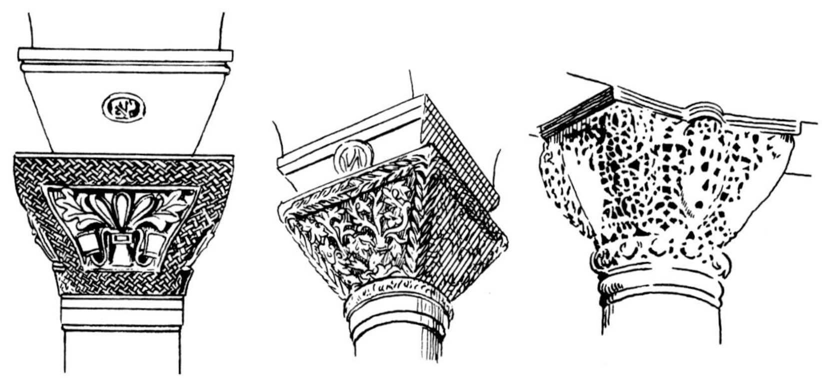

Die im byzantinischen Stil erbaute Hagios Demitrios Kirche in Thessaloniki. Innenansicht vor dem Brand von 1917.

Kuppelraum der Pfalzkapelle in Aachen (798–805).

Mit der Völkerwanderung vom 4. bis 6. Jahrhundert lernten die Volksstämme nördlich der Alpen die hochentwickelte Kultur der Römer und die sich daraus entwickelnden Bauformen der frühchristlichen Periode kennen. Nach Gründung des Fränkischen Reiches durch Karl den Großen (800 n. Chr.) entwickelte sich in Mitteleuropa eine Baukunst, die durch teilweise Umbildung römischer Formen im Laufe von zwei Jahrhunderten zur Ausbildung des romanischen Stils führt.

Außenansicht der Stiftskirche in Quedlinburg. Sandsteinbau mit romanischem Rundbogenfries.

Baukunst

Der große Wandel in der Baukunst nördlich der Alpen war der Übergang vom Holzbau zum Steinbau. Allerdings beschränkte sich diese Bauweise zunächst nur auf sakrale Bauten. Zu dieser Zeit wurde auch die Grundlage für Klosteranlagen geschaffen. Die Regel bestimmte die Gruppierung von Wohngebäuden, Stallungen, Werkstätten, Gästehaus und Schule um Kirche und Kreuzgang. In karolingischer Zeit wurde alles das vorgeprägt, was später den romanischen Baustil ausmacht.

Der Begriff »romanisch« wurde allerdings erst im 19. Jahrhundert von dem französischen Historiker de Gerville geprägt.

Als Bauherren treten überwiegend die Kirche und Fürsten auf.

Die romanische Sakralarchitektur setzt sich aus spätantikem Formenmaterial zusammen. Kennzeichnend für diese Kunstrichtung sind der Rundbogen und die schweren Pfeiler und Säulen, auf denen die Gewölbe ruhen. Durch die kleinen Fensteröffnungen dringt wenig Licht in das Innere der Räume, was sie in ein mystisches Dunkel hüllt, während das Äußere dieser Bauten oft einer gewaltigen Gottesburg gleicht.

Trotz Beibehaltung der überlieferten Basilika-Grundform nimmt der Grundriß im Kirchenbau immer mehr eine Kreuzform an. Der innere

Dreischiffige Basilika St. Madeleine in Vézelay (12. Jh.).

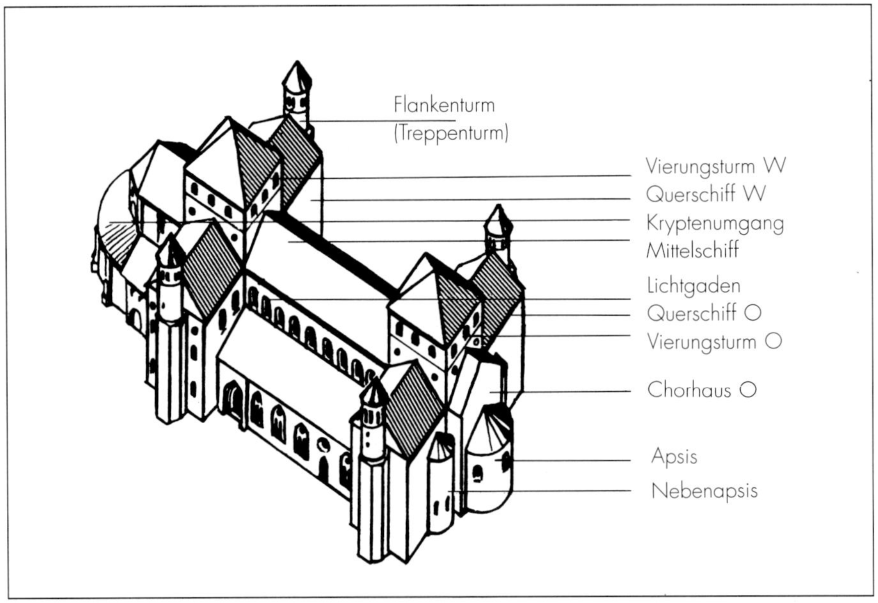

Die isometrische Darstellung von St. Michael in Hildesheim zeigt die Baugliederung romanischer Kirchen: Ein Mittel- und zwei Seitenschiffe mit zwei Vierungstürmen und vier Flankentürmen.

Aufbau der Kirche ist durch das Vierungsquadrat als Grundmaß aller Räume gekennzeichnet.

Die klare Grundform des äußeren Baukörpers wird gegliedert durch Sockel, Lisenen, Pilaster und Halbsäulen, Gesimse und Zwerggalerien; im Inneren der Kirche durch den Stützenwechsel der Arkaden, durch Emporen und Triforiengalerien (Laufgang zwischen den Arkaden und Emporen).

Die Kapitelle der Säulen sind anfangs einfach, später oft reich mit Ornamenten oder Reliefs verziert und haben eine würfelartige Form. Über den Eingangstüren befindet sich häufig ein mit reichem figürlichem Schmuck versehenes Giebelfeld (Tympanon). In spätromanischer Zeit trifft man neben dem Rundbogenfenster an exponierten Stellen Rad- oder Kreisfenster an. Eine herausragende Neuentwicklung in der romanischen Architektur ist der Schritt von der ursprünglich flachgedeckten zur gewölbten Kirche. Durch die Durchdringung zweier Tonnen zu quadratischen, durch Gurte voneinander getrennten Gewölbeteilen entwickelt man aus dem bereits in der römischen Stilepoche bekannten, durchlaufenden Tonnengewölbe das Kreuzgewölbe. Entsprechend dem Mauerwerk löst der Pfeiler die Säule als Stütze allmählich ab. Sie verliert ihren Charakter als selbständiges

Element und wird zum vertikalen Dienst, das heißt als dem Pfeiler vorgelagerte Halb- oder Dreiviertelsäule zum Teil eines tragenden Bauteiles der Rippen und Gurte des Gewölbes. In der Gotik entwickelt sich daraus der sogenannte Bündelpfeiler.

Werkstoffe und Farben

Die romanische Architektur knüpft technisch an die römische Bauweise an: Eine schwere massive Bauweise mit Natursteinen ist vorherrschend. Die anfangs relativ geschlossenen Mauerflächen der Fassaden werden später plastisch und farbig gegliedert (Putzfelder werden meist weiß oder hellgrau gestrichen; architektonische Gliederungselemente werden rot abgesetzt, manchmal auch im Wechsel rot-gelb mit weißen Scheinfugen; Wechsel zwischen verschiedenfarbigen Natursteinen).

Aus romanischer Zeit stammen auch die frühesten Glasmalereien. Die Decken und Wände im Inneren der Kirchen sind häufig mit reichen Malereien versehen. Nach alten Aufzeichnungen und anhand von Befunden wurden folgende Farbpigmente verwendet: Bleiweiß, Bleimennige, Auripigment (gelber Arsenfarbstoff), Zinnober, Karmin, Grünspan, Indigo. Als Bindemittel

Romanische Kapitellformen.

Romanische Fensterformen.

Ornamentik der Romanik.

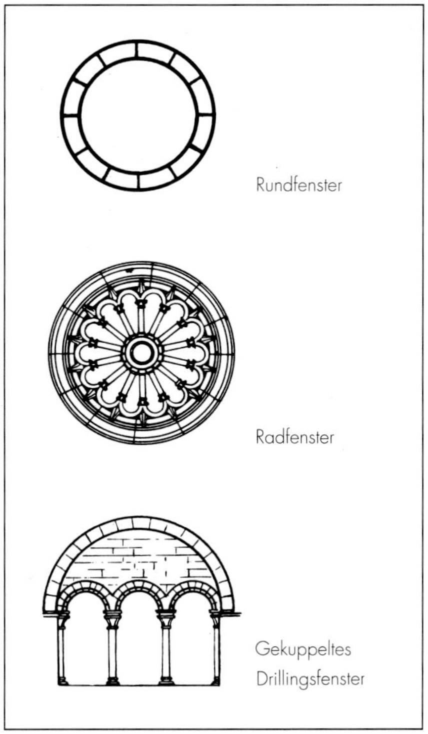

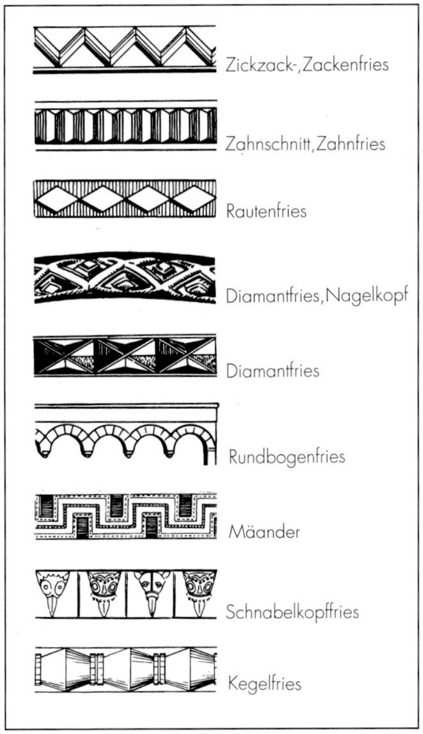

St. Michaels-Kirche in Hildesheim mit bemalter Holzdecke aus der Zeit um 1220. Die Detailaufnahmen der Holzdecke verdeutlichen den Malstil der Spätromanik.

dienten: Hautleim, Eiweiß, Eigelb, Fischleim, Essig, Wein, Bier, Kirschgummi, Ochsengalle und Wachse. Putze sind meist mit der Kelle aufgetragen und oberflächlich geglättet worden. Hierauf malte man in Fresko- oder Seccotechnik unter Verwendung von Kalk, Kasein und Erdfarbpigmenten. Die Kenntnis

über die Herstellung von Leinölfirnis führte zur häufigeren Anwendung der Ölfarbentechnik besonders an Altären, aber auch an Bauteilen aus Stein, wie aus alten Überlieferungen hervorgeht. Die mit Quadern überwölbten Fenster- und Türöffnungen sind teilweise bemalt worden, wobei die Farbfassungen über die seitlichen Gewände hinausgingen. Die Fugen der Quaderung hat man ebenfalls durch Farben betont, wie auch andere plastische Elemente an den Fassaden und in den Innenräumen. Die großflächigen Innenwände der Kirchen wurden mit reichhaltigen Bilddarstellungen versehen.

Schrift — Ornamentik — Plastik

Irische und angelsächsische Mönche brachten im 5. Jahrhundert Abschriften von Evangelien in Unzialschrift in unseren Raum. Dadurch wurde die germanische Runenschrift verdrängt. Im Laufe der Zeit entwickelten sich in Mitteleuropa daraus vielerlei Sonderschriften. Das veranlaßte Kaiser Karl den Großen, Anfang des 9. Jahrhunderts für seinen Machtbereich eine einheitliche Schreibweise einzuführen. Es entstand die Karolingische Minuskelschrift (Minuskel — Kleinbuchstabe). Es war eine flüssig zu schreibende Gebrauchsschrift mit offenen Formen und klarer Aufteilung in Ober-, Mittel- und Unterlängen. Sie bildete die Grundlage für die zahlreichen Handschriften, die während der Romanik in den Klosterschulen entstanden.

Im engen Zusammenhang damit stehen die Buchmalereien in Form von reich verzierten Initialen, Ornamenten und figürlichen Darstellungen. Hierbei hatten die verwendeten Farben symbolische Bedeutung, z. B. Gold als Zeichen für das göttliche Licht, Purpur als Farbe der Gottheit, Blau als Symbol für die Schöpfung und Erlösung. Das Ornament in der romanischen Stilperiode ist entweder geometrischen oder stilisierten Pflanzenformen entlehnt. Oft sind Menschen oder

Eine Seite der Wiener Otfrid-Handschrift aus der Zeit um 870.

Romanisches Portal am Dom zu Gurk/Kärnten. Das Detail zeigt die reiche plastische Ornamentik.

Tiere eingefügt, die sinnbildliche Bedeutung haben. Auch nur aus Tieren bestehende Ornamente kommen vor.

Die Proportionen der menschlichen Figuren, besonders in der Frühromanik, sind oft fehlerhaft. Meistens ist der Kopf im Verhältnis zum Körper zu groß, Körperhaltung und der Fall der Gewänder wirken steif. Mit der Weiterentwicklung des Stils werden die Figuren immer ansprechender.

Wie in frühchristlicher Zeit, findet auch das Elfenbein als Werkstoff für Schnitzereien Anwendung. Erhaltene Buchdeckel, Dosen und Figuren zeugen davon. Neben diesen Kleinplastiken kommen größere plastische Arbeiten anfangs nur in Form von Reliefs vor. Freistehende Skulpturen lösen sich erst allmählich aus der flächenhaften Gebundenheit. Plastische Darstellungen aus Stein finden sich vor allem an den Kirchenportalen. Holzschnitzerei gibt es in Form von Kruzifixen, Kreuzigungsgruppen und Altarbildern. Hochentwickelt war die Goldschmiede- und Bronzekunst.

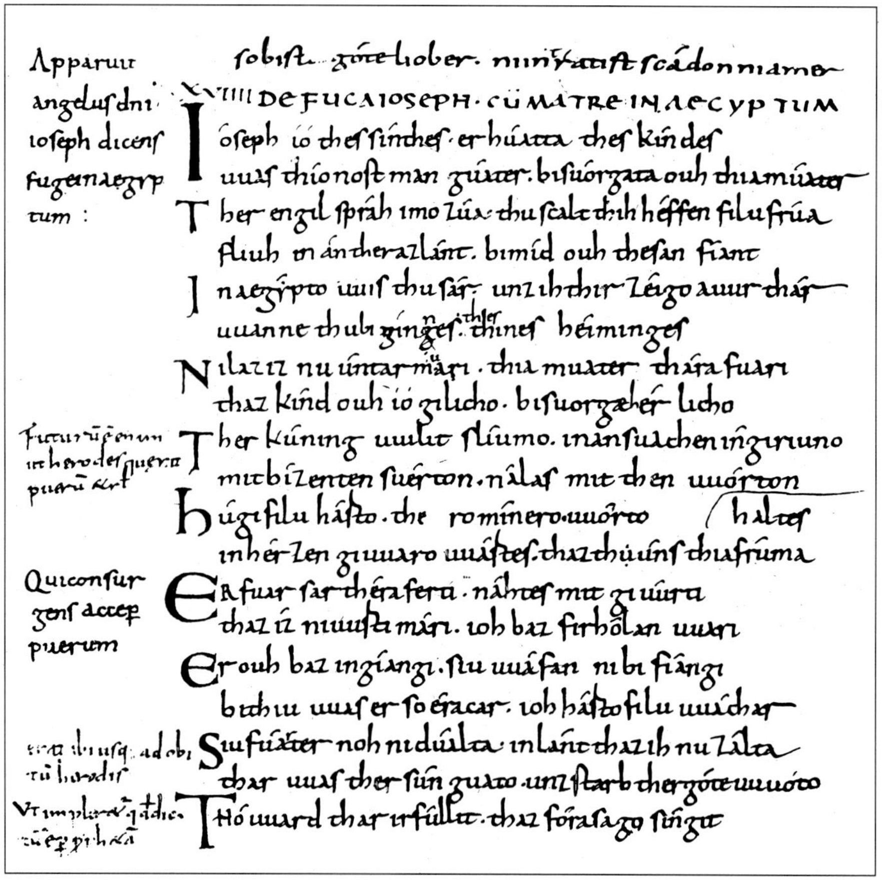
Apparuit angelus dni ioseph dicens fuge in aegyptum :

so bist gote liober. nu nist scal don mamo
XVIIII DE FUGA IOSEPH · CUM MATRE IN AEGYPTUM
Joseph io thes sindes · er hiutta thes kindes
uuas thionost man guater. bi suorgata ouh thia muater
Ther engil sprah imo zua: thu scalt thih heffen filu frua
fliuh in anthera lant. bi mid ouh thesan fiant
In aegypto uuis thu sar: unz ih thir zeigo auur thar
uuanne thu gingest thines heiminges
Nilazit nu untar mari · thia muater thara fuari
thaz kind ouh io gilicho · bi suorge her licho
Ther kuning uuilit sliumo. in ansuachen in giriuno
mit bizenten suerton. ni las mit then uuorton
hugit filu hasto · the rominero uuorto (halter
in herzen giuuaro uuastes. thaz thu uuinst thu fruma
Quiconsurgens accep puerum
Er fuar sar thera ferti · nahtes mit giuuerti
thaz iz ni uuurti mari. ioh baz firholan uuari
Er ouh baz ingiangi. siu uuafan ni bifiangi
bi thiu uuas er so fracar · ioh hasto filu uuachar
Siu fuater noh ni dulta · in lant thaz ih nu zalta
thar uuas ther sun guato · unz starb ther gote uuuoto
Tho uuard thar irfullit · thaz forasago singit

Gotik 12. bis 15. Jahrhundert

Die Gotik bildet den Höhepunkt und die Vollendung der mittelalterlichen Kunst. Der um die Mitte des 12. Jahrhunderts in Nordfrankreich entstandene Stil breitete sich in regionalen Abwandlungen über ganz Europa aus und wurde erst nach etwa 300 Jahren von der Renaissance abgelöst.

Im Gegensatz zu der strengen, sakralen Kunst der Romanik, die von einer schweren Statik geprägt war, wird in der Gotik jede Starre und Ruhe aufgelöst. Aus dem bisherigen Massenbau mit raumabschließenden Mauern entsteht ein Gliederbau mit lebhaftem Wechselspiel der einzelnen Bauteile.

Im gotischen Kirchenbau, der vor allem in den Kathedralen (Bischofskirchen) zur höchsten Vollendung gelangte, spiegelt sich der Zeitgeist mit seiner Lichtmystik wider. Mit dem technischen System der Wölbung wird ein Wunderwerk der Baukunst geschaffen, das mit seinem Aufwärtsstreben eine sinnbildliche Verwirklichung einer himmlischen Stadt darstellen soll.

Das 14. Jahrhundert wird geistig von der Mystik und gesellschaftlich von dem aufstrebenden Bürgertum getragen. Letzteres bildet eine neue Gesellschaftsschicht mit Standes- und Selbstbewußtsein. Baumeister, Künstler und Bürger leisten keine Frondienste mehr. Sie errichten die Sakralbauten in freier Zusammenarbeit als Wahrzeichen ihrer Stadt und dokumentieren durch ihre Leistung einen gewissen Bürgerstolz.

Inhalt und Sinn der bildnerischen Darstellungen in Stein, Glas und Malerei werden zwar noch vom gelehrten Klerus vorgegeben; Planung und Ausführung der Bauwerke erfolgt durch Laien (Baumeister, Handwerker und Künstler). Sie haben sich seit dem 13. Jahrhundert zu »Bauhütten« zusammengeschlossen. Eine strenge Hüttenordnung verpflichtet alle am Bau Beteiligten, ihre künstlerischen und technischen Erfahrungen als Geheimnis zu hüten. Außerdem regelt die Ordnung Rechte und Pflichten der Meister, Gesellen und Lehrlinge.

Der Dom zu Köln ist das bekannteste Bauwerk der Gotik in Deutschland. Baubeginn 1248, Fertigstellung 1880.

Mittelportal der Kathedrale in Reims (13. Jh.).

Hauptschiff des Kölner Domes.

Baukunst

In der Frühgotik wird die bereits in spätromanischer Zeit angewandte Wölbetechnik vervollkommnet und weitergebildet. Spitzbogen, Kreuzrippen und Strebepfeiler sind die wesentlichsten Konstruktionselemente der gotischen Bauweise. Das Gewölbe ruht auf den Kreuzrippen, die von Bündelpfeilern getragen werden. Der Seitenschub der Gewölbe wird von nach außen verlegten Strebebögen und Strebepfeilern aufgefangen.

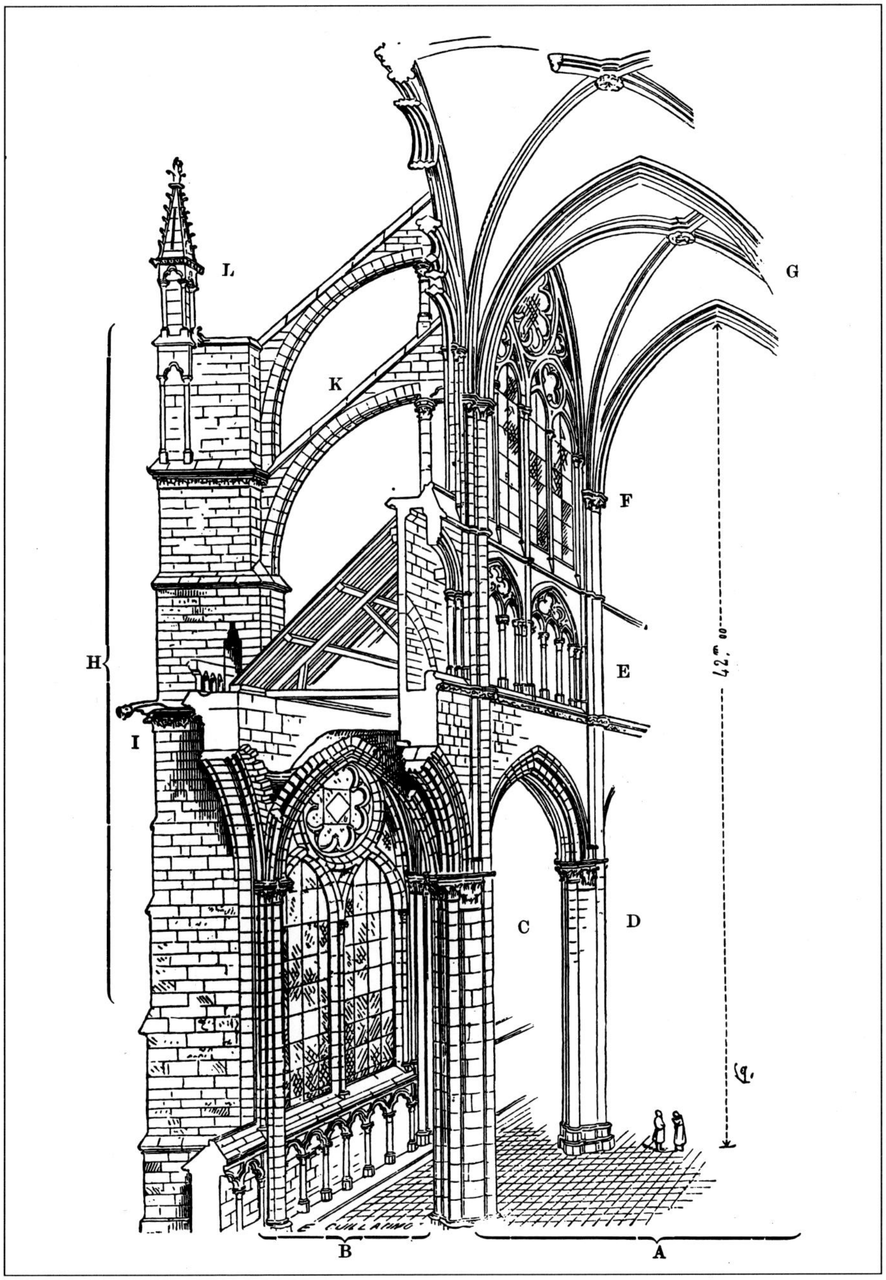

Aufriß einer gotischen Kathedrale: A Mittelschiff, B Seitenschiff, C Gewölbefeld, D Rundpfeiler mit Diensten, E Triforiumsgalerie (Laufgang), F Fenster der Hochschiffwand, G Vierteiliges Rippengewölbe, H Strebepfeiler, I Wasserspeier, K Strebebogen, L Fiale mit Krabben und Kreuzblume.

Schlußstein des Kreuzgewölbes, an den die Endstücke der Rippen gehängt sind.
Form einer Krabbe.
Kreuzblumenform.
Frühgotischer Wimperg als Blendmaßwerk an Wänden über Fenstern oder Portalen.
Maßwerkformen an Fenstern.

Die gotische Baukonstruktion bedarf nicht mehr der schweren Mauermassen, sondern nur der tragenden und stützenden Elemente. Daher kommt die Bezeichnung Gliederbau. Die Mauern zwischen den Strebepfeilern werden durch hohe Fenster ersetzt, deren obere Teile mit Maßwerk gefüllt sind.

Die außenstehenden Strebepfeiler sind oft mehrfach verziert und tragen oben kleine Türmchen, die man Fialen nennt. Regenwasser wird vom Dach über Wasserspeier abgeleitet. Sie sind aus Stein gehauen und mit Tierformen geschmückt.

Die großen Fensterflächen werden durch dünne Steinpfosten aufgeteilt, die oben in das mit geometrischen Schmuckformen versehene Maßwerk übergehen.

Häufig werden Fenster und Portale mit giebelartigen Bekrönungen, den sogenannten Wimpergen, versehen. Sie enthalten wie die Fenster ein reich verziertes Maßwerk.

Das Maßwerk ist typischer Bestandteil gotischer Dekoration. Oft wird es auch als Blendverzierung auf leeres Mauerwerk angebracht. An den Schrägen der Wimperge und Fialen sind als Schmuck eingerollte, knospenartige Blätter (Krabben) angebracht, und die Spitzen ziert eine Kreuzblume.

Die Säulen sind besonders in der Blütezeit der Gotik reich gegliedert. An den Kapitellen beginnt eine Reduzierung des romanischen Formenreichtums.

In der Frühgotik entsteht als erstes das Knospenkapitell, später entstehen das Teller- und Laubkapitell. Laub- und Früchteformen wachsen harmonisch aus dem Halsring der Säule. In der Spätgotik verzichtet man oft auf ein Kapitell.

Werkstoffe und Farben

Als Baustoffe dienen in der Gotik überwiegend behauene Natursteine. In Regionen, wo es an Natursteinvorkommen mangelt, trifft man überwiegend die Ziegelbauweise an. Dabei werden Ziegelsteine in Naturfarben oder grünlich und gelblich glasiert verwendet. Profanbauten werden häufig in Fachwerkkonstruktion oder mit verputzten Wänden errichtet.

Wandmalereien in Kirchen wer-

Geburt Christi vom Hauptaltar St. Petri, auch Grabower Altar genannt, von Meister Bertram, der zwischen 1375 und 1415 der erste Ältermann (Obermeister) des Hamburger Maleramtes war.

den seltener, weil die Außenmauern durch große Glasfenster aufgelöst sind. Dadurch erlangt die Glasmalerei eine große Bedeutung. Bevorzugt werden die Farben Blau, Rot und Goldgelb sowie als Nebenfarben Weiß, Grün und Purpur. Malereien findet man nur noch an der Eingangswand, am Chorbogen und in den Gewölbekappen. Bevorzugt wird Blau als Hintergrundfarbe in den Gewölbefeldern verwendet, worauf vergoldete Sterne gesetzt sind. Am häufigsten wird die Kalkfarbentechnik eingesetzt, aber auch eine Art Leimkalktechnik für stärker abgetönte Anstriche. Kalkkasein verwendet man für die Farbfassung von Steinfassaden, Ziegelbauten und Plastiken.

Holzwerk wird in Ölfarbentechnik behandelt. Nach einer Leimtränkung folgt ein Anstrich mit stark gebundener Hautleimfarbe, die nach Trocknung mit Leinölfirnis überzogen wird. Darauf wird einmal mit Ölfarbe gestrichen. Diese Schicht wird nach einigen Tagen gefirnißt. Große Bedeutung erlangt während der Gotik die Faßmalerei und Vergoldetechnik an den aus Holz geschnitzten Bildwerken und Altären, sowie die Tafelmalerei. Bei letzterer wird auf Holzplatten gemalt, die oft mit Leinwand überzogen werden, um das fertige Bild vor Rißbildung zu schützen. Die gemalten Figuren stehen häufig vor vergoldetem Hintergrund. Gemalt wird anfangs mit Temperafarben, die mit einer glänzenden Firnisschicht geschützt werden. Ab dem 15. Jahrhundert werden erstmals Ölfarben verwendet.

Bedeutende Tafelbildmaler der Gotik sind Konrad Witz (1400 bis 1445), Stefan Lochner (1410 bis 1451) und Michael Pacher (1435 bis 1498).

Faß- und Vergoldearbeiten wurden im Mittelalter von Spezialisten ausgeführt, die oft eigene Gewerkgruppen in den Zünften bildeten.

Schrift — Ornamentik — Plastik

Im Laufe der Jahrhunderte nahm die aus der Romanik übernommene karolingische Schrift immer mehr einen gotischen Charakter an. Mit steil gehaltener Feder wurden die Buchstaben schmal und mit gebrochenen Schäften geschrieben. Es entstand die gotische Minuskel, woraus sich später die vollendetere Form der Textura (Gitterwerk) entwickelte, deren Schriftbild wie ein schmales, enges Gitterwerk wirkt. Bei der Ornamentik bleibt man zu Beginn der gotischen Epoche zunächst bei den romanischen Motiven. Im Laufe der Zeit setzen sich immer mehr geometrische Formen durch. Auch Naturformen, wie z. B. Efeu-, Wein- oder Eichenblätter sind anzutreffen, die in der Blütezeit des Kunststils stark stilisiert und während der Spätgotik zu entarteten, vielfach verschlungenen Bänder- und Rankenornamenten verwandelt werden.

In die Zeit der Gotik fällt auch die Erfindung der Kupferstichtechnik. Sie bietet gegenüber der Malerei ein feineres Durcharbeiten und zarteres Auflösen der Formen.

Die gotische Plastik ist gefühlsbetont, und die Proportionen werden natürlicher. Der Faltenwurf der Gewänder läßt die Körperformen hervortreten. Die Figuren sind in ihrer Formung und Natürlichkeit mit

Frühgotische Minuskel und Textura sind die Schreibschriften der Gotik. Ausschnitt aus der Seite einer Handschrift aus dem 15. Jahrhundert. Auch die typische Ornamentik der Gotik ist ablesbar.

antiken Darstellungen vergleichbar. Oft wirken gotische Gestalten übertrieben schlank, wodurch der Kopf zu klein erscheint. Alle haben sie die typische gotische, leichte S-Biegung.

Neben Steinplastiken mit menschlichen und tierischen Darstellungen an Portalen schmücken aus Holz geschnitzte Figuren Altäre, Chorgestühle u. a.

Zusammenfassend kann festgestellt werden: In der Gotik ist nichts ohne Beziehung zum anderen, nichts ohne das andere denkbar. Der Reichtum der Figuren und Skulpturen an den Portalen, die plastischen Ornamentverzierungen an den Wänden und die großen farbigen Flächen der Fenster dienen nur dazu, den Eindruck des Bauwerks zu steigern. In der Gotik ist es gelungen, das Prinzip der Einheit zwischen Architektur, Plastik und Ornament an einem Bauwerk konsequent zu verwirklichen.

Der Hochaltar in der Pfarrkirche St. Wolfgang am Wolfgangsee gilt als Spitzenleistung spätgotischer Altargestaltung. Er wurde zwischen 1471 und 1481 von dem Südtiroler Michael Pacher geschaffen.

Mit der Renaissance, dem Humanismus und der Reformation beginnt für Europa die Neuzeit seiner Geschichte. Das Wort »Renaissance« kommt aus dem Französischen und bedeutet Wiedergeburt. Wiedergeboren, beziehungsweise wiederaufgenommen werden die Kunstideale der Antike. Von Italien ausgehend, breitet sich von etwa 1400 bis gegen 1600 dieser Kunststil über ganz Europa aus. Eng damit verbunden ist die Geistesbewegung des Humanismus, dessen Zielrichtung das Ideal des freien Menschen ist, der dem antiken Vorbild nachlebt. Die persönliche Begabung und Zielsetzung des einzelnen tritt in den Vordergrund und löst damit das Prinzip des mittelalterlichen Feudalismus (Lehnswesen) und das Bildungsmonopol der Kirche ab. Der bereits am Ende des Mittelalters begonnene Emanzipationsprozeß setzt sich damit endgültig durch.

Dom zu Florenz (1296—1461) mit typischer Fassadengliederung im Renaissance-Stil.

Baukunst

Die Bauwerke der Renaissance sind körperhafte Erscheinungen mit klaren und ruhigen Formen. Sie unterscheiden sich vom gotischen Bau dadurch, daß die Öffnungen der einzelnen Stockwerke genau übereinanderliegen. Die Gliederung der Fassade erfolgt durch Halb- oder Dreiviertelsäulen, Lisenen, Pilaster, Gurte und Gesimse, wobei eine exakte geometrische Aufteilung vorgenommen wird. Die Portale werden schmuckvoll ausgestaltet. Dabei tritt anstelle des gotischen Wimpergs ein giebelartiger, ornamentaler Aufbau. Säulen und Pilaster sind mit dorischen, ionischen oder korinthischen Kapitellen versehen. Ihre Schäfte sind glatt oder gefurcht und im unteren Teil mit Ornamentschmuck versehen.

Als Stützen bedient man sich außerdem sogenannter Hermen, Atlanten oder Karyatiden. Hermen sind Büsten oder Halbfiguren, die auf einem verjüngten Schaft sitzen. Atlanten sind männliche und Ka-

Augsburger Rathaus, erbaut um 1600 von Elias Holl. Die sparsame Gliederung der großflächigen Fassade ist durch gekonnte Anordnung der verschiedenen Fensterformen geprägt.

Arkadenhof im Schloß Porcia in Spittal (1536). Nach florentinischem Vorbild angelegt, gehört der Palast zu den frühesten und reinsten Renaissancebauten italienischer Art im deutschen Sprachgebiet.

ryatiden weibliche ganze menschliche Gestalten. Weitere Schmuckmittel an der Fassade sind: Rustika, Füllungen, Nischen, Giebel, Ballustraden und Plastiken.

Als Rustika bezeichnet man ein Steinmauerwerk mit breiten Fugen. Meistens ist nur das Untergeschoß in rustikaler Bauweise ausgeführt. Die einzelnen Steine der Rustika nennt man Bosse. Gewöhnlich sind unter den Fenstern Füllungen vorhanden, die entweder schmucklos oder mit Ornamenten, Schilden, Figuren oder den für den Renaissancestil typischen Fruchtgehängen verziert sind.

Der gotische Treppengiebel an den Bürgerhäusern wird zunächst unverändert übernommen; später werden die Stufen höhergezogen und mit halbkreisförmigen Aufsät-

Gliederung einer Palastfassade aus der Renaissance.

Rathaus in Celle mit Fugen-, Quader- und Ornamentbemalung im Renaissance-Stil. Die auf das 17. Jahrhundert zurückgehende Farbfassung wurde 1985 restauriert.

zen versehen, denen häufig eine Kugel aufgesetzt wird. Im Laufe der Zeit formt man die Treppengiebel wellenartig aus und verziert sie mit Voluten. An die Stelle der gotischen Fialen treten z. B. Vasen oder obeliskenartige Gebilde. Das gotische Kreuzgewölbe wird während der Renaissance durch das Tonnengewölbe oder die Kassettendecke ersetzt.

Im Kirchenbau herrscht der Zentralbau vor, der von einer riesigen Kuppel überdacht ist. Hier ordnen sich um einen Hauptraum mehrere Seitenräume. Grundrißformen sind der Kreis, das Quadrat oder das regelmäßige Vieleck.

Werkstoffe und Farben

Als Baustoffe dienen Natursteine, mit Kalkputz versehenes Mauerwerk und Stuck in den Innenräumen. Letztere sind häufig mit Holzvertäfelungen an den Decken und Wänden, mitunter auch mit reicher Malerei versehen.

Farbige Erkerfassung sowie Quaderbemalung am Rathaus in Celle, um 1696.

Viele Bürgerbauten in Deutschland werden in Fachwerkbauweise errichtet. Reiche Schnitzereien sind typisch für das Renaissance-Fachwerkhaus. Sie sind mit Ölfarben farbig gefaßt und zum Teil vergoldet. Bei den Bindemitteln für die Beschichtungsstoffe hat sich gegenüber der Gotik nicht viel geändert. Die Liste der Farbmittel ist dagegen wesentlich reicher geworden. Neben Erdpigmenten kommen eine Reihe von künstlichen, anorganischen Farbpigmenten zur Anwendung (Blei-, Kupfer-, Kobalt- und Schwefelfarben). Die Anstrichtechniken gleichen denen zur Zeit des ausgehenden Mittelalters (Kalkfarben-, Leimkalk-, Kalkkasein- und Ölfarbentechnik).

Zur Gliederung der Außenwandflächen setzt man rauhen und glatten Putz ein. Dekorative Oberflächen werden durch die Sgraffitotechnik geschaffen. Es werden Kombinationen in schwarz/weiß, rot/weiß und gelb/weiß angewandt.

Die Wandmalerei erfährt besonders in Italien eine Vervollkommnung. Anfangs arbeitet man noch in Mischtechnik, wobei in Fresko begonnen und in Eitemperatechnik vollendet wird. Häufig werden die Wandbilder zum Schluß mit Venetianerseife geglättet.

Später wird diese Wandmaltechnik aufgegeben. Man arbeitet nur noch in der reinen Freskotechnik, dem sogenannten Buon-Fresko. Ihre Blütezeit erreicht diese Technik, als in Italien die Maler Leonardo da Vinci, Raffael und Michelangelo tätig sind.

Die mittelalterliche Farbsymbolik tritt während der Renaissance in den Hintergrund. Farbe wird in erster Linie nach ästhetischen Gesichtspunkten als Schmuck eingesetzt.

Schrift — Ornamentik — Plastik

Die »Hängende Zier« ist eine typische Renaissance-Dekoration.

Die Schrift der Renaissance ist die Antiqua. Sie ist aus der römischen Capitalis und den karolingischen Minuskeln entstanden. In Deutschland findet aber die gotische Textura noch lange Verwendung. Im Laufe der Zeit entsteht daraus als erste eigenständige deutsche Schrift die Schwabacher. Charakteristisch für diese Schrift sind die offenen und runden Formen mit eigenwilligen, spitzen Überschneidungen. Mitte des 16. Jahrhunderts entsteht die Fraktur. Ihre Formen sind runder und flüssiger als bei der Textura und verspielter als bei der Schwabacher. Als Schreibschrift setzt sich die Cancellaresca (Humanistische Kursiv- oder Kanzleischrift) durch.

Bei den Ornamenten spielt das stilisierte Akanthusblatt eine wesentliche Rolle. Aber auch andere Naturformen finden Verwendung. Mäander- und Wellenband sowie Zahnschnitt und Eierstab sind weitere dekorative Elemente der Renaissance. Besonders häufig trifft man die »Hängende Zier« an, aufgehängte Kränze, Waffen usw.

Für die deutsche Renaissance ist das Beschlagornament charakteristisch. Ursprünglich wurde es von Gold- und Silberschmieden für Buchumschläge verwendet. Die Architekten der Renaissance setzten dieses Schmuckelement an ihren Bauten ein, anfangs flach ausgebildet, später an den Rändern aufgebogen und schließlich in knorpelartige Gebilde übergehend.

In der Malerei nehmen weltliche Themen neben den christlichen immer mehr zu. Die Porträtmalerei wird zu einem eigenständigen Genre. Durch die Entdeckung der Zentralperspektive entstehen Gemälde, bei denen die Gegenstände und Personen in ihren Größenverhältnissen zueinander in die richtige Beziehung gesetzt werden. Die Plastik löst sich allmählich aus dem unmittelbaren Zusammenhang mit der Architektur. Die natürliche Schönheit des Körpers wird erstmals seit der Antike wieder als Akt dargestellt. Reiterdenkmale, Grabmale und Büsten sind auf die Repräsentation der dargestellten Persönlichkeit ausgerichtet. Die Künstler der Renaissance studieren die Anatomie des menschlichen Körpers und die Natur. Die idealen Maßverhältnisse des menschlichen Körpers lassen sich auf die Architektur übertragen.

Neben der Antiqua und der Fraktur entwickelt sich in der Renaissance die Schwabacher als rein deutsche Schrift.

Stift Melk in Niederösterreich (1702), einer der prunkvollsten Bauten des Spätbarock.

Historisch fällt der Barock in die Zeit des politischen Machtkampfes der europäischen Staaten. Fast am Beginn steht der Dreißigjährige Krieg (1618–1648), und das Ende dieser Epoche fällt in die Zeit der Französischen Revolution (1789). Aufgewühlt durch die Reformation und Gegenreformation im 16. Jahrhundert entsteht bei der Masse der Bevölkerung eine neue Glaubensinbrunst und ein Hang zum Metaphysischen. Dies führt, besonders in der sakralen Kunst, dazu, die Macht der Kirche zu demonstrieren. Sowohl in der kirchlichen als auch in der weltlichen Baukunst des Barocks kommt verstärkt die Repräsentation neuer Macht zum Ausdruck. Die Paläste strahlen in ihren Proportionen und Formen Größe und Würde aus, während die der Renaissance wie einfache Bürgerhäuser wirken.

Das Wort »Barock« hatte ursprünglich eine negative Bedeutung und galt allem, was nicht nach den alten klassischen Regeln der Kunst entstanden ist.

Erst Ende des 19. Jahrhunderts wurde die Bezeichnung »Barock« zu einem festen Kunstbegriff. Der Sinn dieses Wortes läßt sich aus dem Portugiesischen Begriff »barocco« ableiten, der soviel wie seltsam, unregelmäßig, absonderlich bedeutet.

Die ersten Impulse der neuen Stilrichtung gehen von Italien aus und verbreiteten sich in allen europäischen Ländern. Schließlich wurde daraus ein Weltstil, der selbst in Amerika vertreten ist. Das Besondere des Barocks ist die Verschmelzung der verschiedenen Baukünste: Architektur, Malerei, Plastik und Gartenbaukunst werden zu einem Gesamtkunstwerk vereinigt. Der Absolutismus als Regierungsform verkörpert die Alleinherrschaft der regierenden Fürsten, was den Anspruch der damals geschaffenen Bauten unterstreicht.

Klosterkirche Ottobeuren, von J. M. Fischer (erbaut von 1748 bis 1766). Die für die Barockbauweise typische Lichtführung wird hier deutlich. Das von oben eindringende Licht konzentriert sich auf den Strahlenkranz (Auge Gottes) über dem Altarbild.

Kuppel von St. Peter in Rom von Michelangelo (1547), Fassade von Maderna (1606) und Kolonnaden von Bernini (1657). In den drei Bauabschnitten sind Spätrenaissance, Früh- und Hochbarock miteinander verbunden.

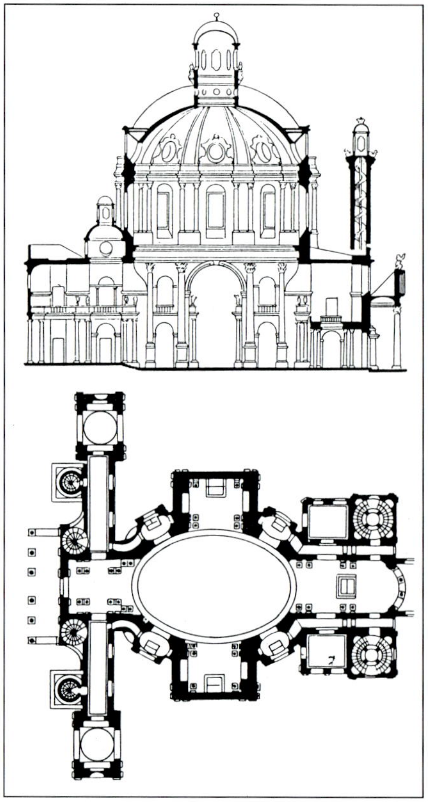

An diesem Grund- und Aufriß einer Kirche sind die typischen Formen des barocken Baustils ablesbar: Konkave und konvexe Ausformung der Wände, Vielfalt der Bewegung und gerundete Grundrißformen.

Baukunst

Die barocken Bauwerke sind gekennzeichnet durch stark bewegte und geschwungene Formen in Grund- und Aufriß. Konvexe und konkave Wandausbildungen umschließen die Räume, Außenfassaden und Innenwände sind mit reichen Stuckverzierungen und Malereien versehen.

Bei den Profanbauten ist das Mittelgeschoß am höchsten, während das oberste zu einem sogenannten Halbgeschoß ausgebildet ist. Überdachungen an den Türen und Fenstern sowie die Giebel sind wellenförmig gebogen oder durchbrochen. In den Durchbrechungen befinden sich Figuren oder Kartuschen. Fenster- und Türrahmen sind geschweift und häufig in der Mitte von einem Ornament oder Schlußstein durchbrochen.

Durch die vor- und zurückspringenden Fassaden entsteht eine Abstufung in die Tiefe. Säulen und Pilaster stehen nicht mehr als selbständige Bauglieder allein, sondern werden bündelartig zusammengefaßt. Während beim Renaissancebau jedes Stockwerk eine eigene Säulenreihung besaß, werden beim Barockbau die Säulen oft über zwei Stockwerke gezogen (Kolossalordnung).

Die Rustika (Mauerwerk aus Bruch- oder Buckelsteinen) beschränkt sich auf das Untergeschoß und besitzt, im Gegensatz zur Renaissance, nur waagerechte Fugen. Zum ersten Mal treten ellipsenförmige Fenster auf.

Im Kirchenbau werden bei der Langhausbauweise die Seitenschiffe durch ausbuchtende Kapellen ersetzt. Später gewinnt der Zentralbau zunehmend an Bedeutung. Er ist auf runden oder ovalen, sich überschneidenden Grundrißformen aufgebaut.

Typisch für die Barockbauweise ist die Einbeziehung von Scheinarchitektur. Leichte Deckenwölbungen werden mit Gemälden in kühner Perspektive bemalt, so daß der Eindruck von riesigen Kuppeln entsteht. Dabei gibt es keine klaren Abgrenzungen zwischen Malerei und Plastik. Decke und Wände gehen mit Hilfe dekorativer Mittel oft nahtlos ineinander über.

Zu den bedeutendsten Barockbaumeistern zählen: Johann Balthasar Neumann (Würzburger Residenz), Daniel Pöppelmann (Dresdener Zwinger), J. B. Fischer von Erlach (Karlskirche in Wien), Lukas von Hildebrandt (Schloß Schönbrunn in Wien).

Barockornamentik: Bandelwerk. Fensterformen der Barockarchitektur. Schriften des Barock: Klassische Antiqua, Bastarda, Englische Schreibschrift.

Plastische Formen aus Stuck bilden ein verbindendes Glied zwischen Architektur und Malerei.

Werkstoffe und Farben

Roter, gelber oder grüner Sandstein sowie Marmor und Ziegelsteine dienen als Baustoffe. Teilweise wird das Mauerwerk zum Schutz gestrichen oder mit einem Schlämmputz versehen. Das Äußere der Barockbauten wirkt häufig sehr schlicht; die Fassaden der Bürgerhäuser tragen einen eingefärbten Putz mit unterschiedlichen Strukturen.

Im Gegensatz zur äußeren Schlichtheit überwältigt das Innere durch eine reiche Ausstattung mit buntem Marmor, farbig gefaßtem oder vergoldetem Schnitzwerk, satten Farben in den Wand- und Deckenmalereien und reichen Stukkaturen.

Die Putzherstellung wird durch Zusatz von Faserstoffen verbessert; man legt Wert auf sorgfältige Glätte. Anstriche werden meistens in Kalkkasein oder Leimkalktechnik ausgeführt. Die reine Kalkfarbe wird nur am Außenbau eingesetzt. Bei der Innenraumgestaltung findet die Stuckmarmortechnik häufig Anwendung. Weiß und Gold dominieren, Volltonfarben bleiben den Wand- und Deckengemälden vorbehalten. Weißgetünchte Wandflächen werden durch Schleifen mit Bimsstein zusätzlich geglättet, um einen »Lüster« zu erzeugen.

Ausschnitt des Deckenfreskos im Treppenhaus von Schloß Augustusburg in Brühl.

Schrift — Ornamentik — Plastik

Als Druckschrift wurde im 17. Jahrhundert die klassische Antiqua verwendet. Für die Schreibschrift ist die bereits während der Renaissance bekannte Cancellaresca Ausgangspunkt für die Weiterentwicklung. Es entsteht zunächst die Bastarda, woraus sich später im 18. Jahrhundert die Englische Schreibschrift entwickelt — sie ist die Mutter unserer heutigen Schreibschrift.

Hauptformen der Barockornamentik sind das Ohrmuschelornament und das Bandelwerk. Eine symmetrische Anordnung ist die Regel. Fruchtgehänge, Füllhörner und Fratzen sind weitere Schmuckelemente. Ecken werden volutenförmig ausgebildet. Wandflächen werden in Felder (Panneaus) aufgeteilt und durch Flächenornamente belebt. Hierzu werden oft prunkvoll geprägte Ledertapeten eingesetzt. Der Stuck spielt im Innenraum eine große Rolle. In der Plastik setzt sich eine freie, malerische, stark bewegte Gestaltungsform durch.

Sowohl in der Malerei als auch in der Architektur wird die Licht- und Schattenwirkung bewußt ausgenutzt. Barocke Gemälde haben meistens einen dunklen Hintergrund. Das Licht ist auf die Gegenstände in der Bildmitte gerichtet. Bei den Kirchen entsteht durch die hochliegenden, oft kleinen Fenster eine differenzierte Ausleuchtung des Innenraumes. Hauptlichtquelle ist die Kuppel. Dadurch konzentriert sich der hellste Lichtpunkt auf die Raummitte.

Bei den Bildkompositionen und der Plastik spricht man von der »barocken Bewegung«. Typisch ist die spiralförmige Formgebung. Bedeutende Maler des Barock sind Rubens, Rembrandt und van Dyck.

Der barocke Kunststil klingt aus mit dem Rokoko. Es gibt vielfach Überschneidungen beider Stilrichtungen. Das Rokoko ist eigentlich kein Baustil, sondern in erster Linie ein Dekorationsstil. Er kommt der Prunkliebe der Fürstenhöfe jener Zeit sehr entgegen. Es entstehen Räume mit verschwenderischer Pracht, in denen Konversation und Geselligkeit betrieben wird. In Deutschland wird diese Kunstrichtung vor allem in Preußen durch Friedrich den Großen und an den bayerischen Fürstenhöfen gefördert. Das Rokoko hat in Frankreich seinen Ursprung. Deshalb ist der Name dieser Stilrichtung aus dem französischen Wort »rocaille« abgeleitet, was auf deutsch Muschelwerk bedeutet.

Kanzel in der Klosterkirche Ottobeuren mit reicher Rokokoverzierung.

Baukunst

Die Außenarchitektur der Bauwerke wirkt gegenüber der Innenausstattung meist nüchtern. Geschwungene Wände, leicht gewölbte Decken, zarte Stuckdekorationen, Schnitzereien, Malereien und Spiegel sind typische Dekorationsmittel der Raumausstattung. Die bekanntesten Rokoko-Bauwerke in Deutschland sind die Schlösser Sanssouci, Bruchsal, Würzburg und München. Häufig vermißt man bei den Innenräumen eine klare architektonische Gliederung. Decke und Wand werden höchstens durch schmale Gesimse getrennt, die aber häufig durch reiche Ornamentik verwischt werden.

Palmenstämme als Rahmenwerk sind beliebt. Ebenso Chinoiserien (chinesische bzw. ostasiatische Formen) in Form von Porzellan und Lackarbeiten. Gemalte Figurenkompositionen beschränken sich auf den Platz über den Türen (Supraporten). Die Wandflächen werden in Felder aufgeteilt, die mit pla-

Der Übergang von der Decke zur Wand wird **im Rokoko durch** reiche **Ornamentik** verwischt.

stischen Ornamenten, Spiegeln oder Hängender Zier geschmückt sind. Hohe und schlanke, in sich geschlossene Elemente in Form von Fenstern, Türen und Spiegeln bestimmen das Rokoko-Interieur.

Werkstoffe und Farben

Baumaterialien und Werkstoffe sowie die künstlerischen Techniken entsprechen denen des Barock. Das Rokoko bevorzugt den Farbklang Weiß für die Wände und Gold für Reliefs und Schnitzereien. Bei der Wand- und Deckenmalerei wird die Freskotechnik bevorzugt. Die Ölfarbentechnik wird häufiger als vorher bei Oberflächenbeschichtungen eingesetzt. Für Innenanstriche sind zwei Arbeitsweisen bekannt:

Auf den zu beschichtenden Untergrund wird ein Kreidegrund wie bei einer Polimentvergoldung aufgebracht und anschließend mit einer stark gebundenen Leimfarbe überzogen. Nach sorgfältigem Schleifen erfolgt eine Grundierung mit Firnis und darauf ein Ölfarbendeckanstrich. Nach der Trocknung folgt ein lackartiger Firnisüberzug.

Anstatt eines Kreidegrundes wird nach vorangegangener Leimtränkung des Untergrundes ein zweimaliger Leimfarbenanstrich aufgetragen. Nach dem Trocknen wird mit einem Leder geschliffen, einmal gefirnißt und einmal mit Ölfarbe gestrichen. Als Schlußbehandlung folgt ein lackartiger Firnisüberzug. Es ist anzunehmen, daß bei den lackartigen Überzügen Dammarharze zur Anwendung kamen, denn mit keinem anderen damals be-

Das »Haus zum Falken« in Würzburg mit reicher Rokoko-Ornamentik.

Ornamente aus flachen Bandverschlingungen (Bandelwerk) werden während des Rokoko oft verwandt. Von der Rocaille-Form ist der Name des Rokokostils abgeleitet.

Handdrucktapete aus der Zeit um 1780 mit nachempfundenen Rokoko-Elementen.

kannten Bindemittel hätte man weiße lackartige Anstriche ausführen können, ohne daß diese vergilben. Seit dem Rokoko ist auch die Polierweißtechnik bekannt, eine Oberflächenbehandlung, die auf Kreidegrundbasis aufgebaut ist. Der Kreidegrund wird zum Schluß mit Achatsteinen geglättet, wodurch eine seidenglanzartige Oberfläche erreicht wird. Die während des Barock verwendete Ledertapete ist für eine Rokoko-Ausstattung in ihrer Wirkung zu schwer. Deshalb verwendet man überwiegend Seidentapeten mit senkrechter Streifung in lichten Farbtönen mit eingestreuten farbigen Blumenmustern.

Detail einer geschnitzten und vergoldeten Türfüllung (Residenz in München) mit typischer Rokoko-Ornamentik.

Schrift — Ornamentik — Plastik

Die Schrift entspricht der des Barockzeitalters. Das Ornament besteht aus großen Unregelmäßigkeiten. Schnörkelhafte, schlangenartige Formen gruppieren sich um muschelartige Gebilde. Besonderes Merkmal des Rokokostils ist das Gitterwerk, sich kreuzende Linien, die an ihren Kreuzungspunkten mit Rosetten verziert sind. Rahmenwerk, Fruchtgehänge, Akanthusblattformen und Blumengirlanden werden gegenüber dem Barock leichter und verspielter.

Während im Barock die Formen aus der Bausubstanz wachsen, trifft man im Rokoko nur eine flache Reliefausbildung an. Neben dem Muschelornament treten naturalistische Pflanzenornamente und verspielte Putten auf. Die Holzschnitzereien und Porzellanarbeiten weisen exotische Formen auf. Frei bewegte, fließende und miteinander verflochtene Gebilde sind charakteristisch.

Beachtenswert sind die während des Rokoko entstehenden Möbeltypen. Sie sind mit reichen Einlegearbeiten und ostasiatischen Lackmalereien versehen.

Mit dem Rokoko haben sich die Entwicklungsmöglichkeiten eines weiteren Bewegungsreichtums im künstlerischen Schaffen erschöpft.

In den darauffolgenden Jahren setzt eine radikale Abwendung ein, die zum Klassizismus führt, einer Stilrichtung, die sich wieder an die alten klassischen Formen anlehnt.

Brandenburger Tor,
Berlin, 1789–1794.
Lithographie um 1840.

Architekt
Langhans

Klassizismus 1780 bis 1830

Das späte 18. Jahrhundert und die erste Hälfte des 19. Jahrhunderts sind von politischen Unruhen sowie wirtschaftlichen und sozialen Auseinandersetzungen geprägt (Französische Revolution, Beginn der Industrialisierung).

Gegen Mitte des 19. Jahrhunderts führen neue Baustoffe wie Eisen und Stahl zu neuen Architekturkonstruktionen.

Der Überdruß am Formenreichtum von Barock und Rokoko führt Mitte des 18. Jahrhunderts in der Kunst zu einer Rückbesinnung auf die Antike. Beeinflußt wird diese Entwicklung durch die archäologischen Ausgrabungen Schliemanns und die theoretischen Schriften Winckelmanns über Bauten und Kultur des alten Griechenlands.

Die sich neu entwickelnde Stilrichtung, die als Klassizismus bezeichnet wird, vollzieht sich aber nicht abrupt und einheitlich.

In Frankreich entsteht um 1760 der nach dem französischen König Ludwig XVI. benannte »Louis-seize-Stil«. In Deutschland wird er später als »Zopfstil« bezeichnet. Um die Jahrhundertwende entwickelt sich unter Napoleon I. der Empirestil, eine Art neurömischer Stilrichtung, die die Macht des altrömischen Reiches auf die damaligen imperialistischen Bestrebungen Napoleons übertragen soll.

In Deutschland bezeichnet man die seit dem Ende des 18. Jahrhunderts entstehenden Repräsentationsbauten als klassizistisch. Das Privatleben der Bürger spielte sich in dieser Zeit überwiegend im häuslichen Kreis ab. Entsprechend der bescheidenen bürgerlichen Lebenshaltung ist die Ausstattung der Wohnungen schlicht, aber mit behaglicher Atmosphäre. Man bezeichnet diese Ausstattungsrichtung als Biedermeier.

Eingangshalle eines um 1837 erbauten Klubhauses in London. Die Klarheit der Formen und die Überschaubarkeit des Raumes sind typische Merkmale der klassizistischen Innenarchitektur.

Eines der beiden Torhäuser des Brandenburger Tores. Erbaut 1791 von Carl G. Langhans im griechisch-dorischen Stil.

Baukunst

Die klassizistische Stilrichtung ist eigentlich nichts Neues. Die Bestrebungen, Formen der Antike in die Baukunst aufzunehmen, beginnen bereits mit der Renaissance. In den darauf folgenden Jahrhunderten entfernte man sich jedoch immer mehr von den klassischen Vorbildern; ihr Höchstmaß erreicht diese Abweichung im Rokoko.

Während man in der Renaissance antike Bauten nicht exakt kopierte, bemüht man sich jetzt, die alten Vorbilder genau und maßgerecht nachzubauen. Architekten reisen nach Italien und Griechenland, vermessen die alten Tempel und fertigen Stiche dieser Bauwerke an, die als Vorlagenwerke herausgegeben werden. Den meisten Baumeistern waren die römischen Vorbilder nicht klassisch genug, deshalb bevorzugten sie die griechischen. Hauptsächlich wird der dorische Stil gewählt, weil er den deutlichsten Gegensatz zum verspielten Rokoko darstellt.

Markante Beispiele für die klassizistische Bauweise sind das Brandenburger Tor in Berlin von Carl Gotthard Langhans, die Neue Wache und das Schauspielhaus in Berlin von Karl Friedrich Schinkel und die Glyptothek in München sowie

die Walhalla bei Regensburg von Leo von Klenze.

Die meisten Bauten des Klassizismus sind Denkmäler, Bibliotheken, Theater und Museen. Die Fassaden sind geprägt durch eine griechische Tempelstirnwand mit Dreiecksgiebel und Säulenportikus. Der übrige blockartige Baukörper ist nur durch Pilaster und Gesimse gegliedert. Die Säulen sind nicht nur Dekoration, sondern dienen als tragendes Element für das Gebälk. Sparsam sind Girlanden, Rosetten, Palmetten, Mäander, Perl- und Eierstab als Dekor angebracht. Die klare und überschaubare Anlage der Bauformen ist Grundsatz der klassizistischen Baukunst. Kreis, Viereck oder einfache Grundformen herrschen vor. Im Barock übliche Formen werden abgelehnt.

Die Walhalla bei Regensburg. Erbaut 1830 bis 1842 von Leo von Klenze in starker Anlehnung an den Parthenon-Tempel auf der Akropolis in Athen.

Stadttheater in Aachen, erbaut im ersten Viertel des 19. Jahrhunderts mit einem klassizistischen Portikus von Schinkel.

Treppenhaus im klassizistischen Stil.

Werkstoffe und Farben

Materialgerechtigkeit, Steinsichtigkeit und Steinfarbigkeit sind Schlagworte, die für den Klassizismus Gültigkeit haben. Grau und Weiß bestimmen das Erscheinungsbild der Repräsentativbauten. Bei den Bürgerbauten kann sich diese Tendenz jedoch nicht vollständig durchsetzen — man tendiert aber trotzdem nur zu einer leichten Farbigkeit. Einen guten Einblick in die Farbgebung an Fassaden gibt das 1790 erschienene Werk »Der bürgerliche Baumeister«, dessen Autor, Friedrich Christian Schmidt, empfiehlt: »Alle hohen Farben vermeiden. Der Grundton soll ziemlich blaß sein. Fenstergewände, Lisenen, Dachgesimse noch heller. Der Anstrich der Häuser in der Landschaft soll der besseren Einfügung zuliebe allgemein mit durch Schwarz getrübte Farben geschehen, während die städtischen Gebäude das Licht reflektieren und daher heller gehalten werden sollen. Marmorierungen sollen nicht gemacht werden, weil einmal der Glanz des Marmors nicht zu erreichen ist und zum anderen die Formen verwischt werden.« Besonders wertvoll ist das Werk von Schmidt durch eine Farbkarte mit Farbzusammenstellungen für die einzelnen Bauglieder.

In den gebildeten Kreisen der Zeit interpretierte man die antike Kunst als farblos. Weiß galt als Modefarbe. Die Farbgebung der Bauten ist anfangs hell, kühl und wenig differenziert. Erst zu Beginn des 19. Jahrhunderts wird sie intensiver, aber immer noch in dezenten, silberhaften, hellgrauen oder steinfarbigen Tönen. Die Form hat Vorrang vor der Farbe.

Die Architekten des Klassizismus vertreten einen möglichst reinen Materialstil unter Verwendung von hellfarbigen Hausteinen, dem Wechsel von Putz und Backsteinen, rohen und glasierten Ziegeln. Die Bemalung der Fassaden ist verpönt.

Die zum Dogma erklärte Farblosigkeit der antiken Architektur läßt sich mit Beginn des 19. Jahrhunderts nicht mehr aufrechterhalten. Italienreisende Architekten entdekken an den antiken Tempeln deutliche Farbreste, besonders an den griechischen Tempeln. Diese Entdeckungen lösen den sogenannten »Polychromiestreit« aus. Einer der namhaftesten Verfechter der Mehrfarbigkeit an der Architektur ist Gottfried Semper. Er fordert gerade für den lichtärmeren Norden die Verwendung von Farbe. In seiner Schrift von 1834 »Vorläufige Bemerkungen über bemalte Architektur und Plastik bei den Alten« zieht Semper mit beißender Ironie gegen die mangelnden Ideen und trockenen Prinzipien des Klassizismus zu Felde. »Farben sind minder schreiend als das blendende Weiß unserer Stuckwände« schreibt er. Dabei geht es ihm nicht darum, die neuen Bauten vollständig mit Farbe zu streichen, sondern sie durch Verwendung unterschiedlich farbiger Baustoffe zu gestalten. Semper dekoriert Fassaden oft mit Schwarz-Weiß-Sgraffiti.

Trotz des »Polychromiestreits« setzt sich die erwartete Farbigkeit nicht durch. Es ist nach wie vor nicht stilgemäß, größere Flächen mit deckenden Farben anzustreichen.

In der Anfangsphase des Klassizismus führte die Rückbesinnung auf antike Vorbilder auch zu manchen Modeerscheinungen. Der englische Architekt Robert Adams verwendete für die Ausgestaltung der Innenräume etruskische Motive in Kombination mit Zierleisten antiker Stilrichtung. Dies führte bald dazu, daß in den meisten Häusern ein »Etruskisches Zimmer« zum guten Ton gehörte.

Ornamentik und Plastik

Bereits der Zopfstil macht das Streben nach Vereinfachung im Ornament und bei der Plastik deutlich. Diese Entwicklung setzt sich im Empire fort und erhält ihren Abschluß im Spätklassizismus. Waren bei den Zopfstilbauten noch Kränze in Füllungen unter den Fenstern vorhanden, so verschwinden sie im Empirestil vollständig. Die Wände der Innenräume sind glatt und bemalt oder mit Stoff bespannt, auf dem das für den Empirestil typische Palmettenmotiv vorkommt. Teilweise werden pompejanische oder andere antike Wandmalereien nachgeahmt.

Die Anfang des 19. Jahrhunderts entstehenden Bauwerke mit Lisenengliederung entspringen hauptsächlich der von Berlin ausgehenden klassizistischen Richtung.

Nach 1800 gewinnt das Bürgertum auf politischem und kulturellem Gebiet an Bedeutung. Dies wirkt sich auch auf das Wohnen der Menschen aus. Es entsteht der sogenannte Biedermeier-Wohnstil. Ein- oder mehrfarbige Papiertapeten mit streifenartigen Blumenmustern schmücken die Wände. Scherenschnitte dienen als Wanddekoration. Der Fußboden besteht aus einfachem Parkett oder Riemen. Gefaltete Volantvorhänge zieren die Fenster. Die Möbel, meist aus Kirschbaum oder Birke hergestellt, werden in zweckmäßigen und klaren Formen gestaltet, oft leicht geschwungen und sparsam verziert. Das Nebeneinander verschiedener Formen der klassizistischen Stilrichtung und die in der zweiten Hälfte des 19. Jahrhunderts einsetzende Entwicklung des Historismus machen deutlich, daß die Kraft für die Entwicklung eines neuen Stils nicht ausreicht. Man schöpft lediglich aus dem Fundus vergangener Stilepochen.

Klassizistische Skulptur von Johann Gottfried Schadow (1797).

Politische, wirtschaftliche und soziale Aspekte führen während des 19. Jahrhunderts in Europa zu enormen Veränderungen. Aufgrund des medizinischen und hygienischen Fortschritts beginnt nach dem Jahre 1800 ein starkes Anwachsen der Bevölkerung. Das führt zu Wohnungsmangel, Verarmung und Hunger. Soziale Unruhen lösen die Revolution von 1848 aus.

Technische Innovationen, besonders die Erfindung der Eisenbahn und der rasant einsetzende Ausbau des Schienennetzes, führen bald zur Umwälzung der Verkehrsverhältnisse und bilden die Grundlage für die Industrialisierung. Dadurch entstehen neue Arbeitsplätze. Für einen großen Teil der Bevölkerung bedeutet dieser industrielle Fortschritt aber den Verlust der ländlichen Heimat und führt zu einer Flucht in die Städte. Wohnungsnot und Ausbeutung sind die Folgen dieser Entwicklung. In den Städten wachsen Mietskasernen aus dem Boden. Quantität vor Qualität heißt die Devise beim Bauen.

Maison Hachette von Charles Garnier, Paris (1882).

Baukunst

Der wirtschaftliche Aufschwung spiegelt sich vor allem in den Bauwerken der zweiten Jahrhunderthälfte wider. Durch die Expansion der Industrialisierung entwickelt sich nach 1870 ein begrenzter Wohlstand. Es entstehen neben den Mietskasernen luxuriöse Wohnpaläste und Villen der reich gewordenen Bürger sowie öffentliche Gebäude als Repräsentationsobjekte. Während in der ersten Hälfte des 19. Jahrhunderts der Baustil von den aus der Antike abgeleiteten strengen Formen bestimmt war, setzt ab der Mitte des Jahrhunderts eine Rückwendung zu den Stilrichtungen des Mittelalters ein. Man greift auf das Formengut der Romanik und Gotik bei Kirchen- und Rathausbauten zurück. Universitäten und Museen ähneln den Renaissancebauten des 16. Jahrhunderts, und viele Fassaden der Wohnbauten sind mit Natursteingliederungen des Barock verziert. Bahnhöfe werden in Großhallenbauweise er-

Zu den um die Mitte des 19. Jahrhunderts entstandenen großen Opernhäusern gehört auch das von Gottfried Semper im Stil der Neurenaissance erbaute Dresdener Hoftheater.

richtet und ähneln römischen Thermen. Wegen dieses Rückgriffs auf Stilelemente aus der Vergangenheit wird diese Epoche als Historismus bezeichnet.

Neben den traditionellen Baustoffen (Stein, Ziegel, Holz) kommen Eisen und Stahl sowie Beton und Stahlbeton neu hinzu. Trotz des großen Stilmischmasches entstehen Bauwerke von hohem Rang, deren Wert allerdings erst in jüngster Zeit erkannt wird.

Daneben setzt aber eine Massenproduktion von Mietshäusern ein, die in erster Linie als Spekulationsobjekte und Zinspaläste angesehen werden. Die handwerkliche und bauliche Qualität dieser Bauten ist mehr als fragwürdig. Hinter Pseudoprunkfassaden verbergen sich häufig elende Wohnlöcher mit Ausblick auf triste Hinterhöfe. Hier lebt ein großer Teil der arbeitenden Bevölkerung in Verhältnissen, die im Gegensatz zur allgemeinen wirtschaftlichen Entwicklung stehen.

Friedrich Schinkel ist einer der ersten Architekten, der Gußeisen als Baustoff für Tragelemente und Treppenanlagen verwendet. Eine Sensation ist der von Joseph Paxton für die Londoner Weltausstellung im Jahre 1850 errichtete Kristallpalast, ein Bauwerk aus vorgefertigten und demontierbaren Bauelementen aus Stahl und Glas. Großes Aufsehen erregt ebenfalls der 1889 erbaute Eiffelturm in Paris, ein reines Ingenieurbauwerk. Eisen und Stahlbeton ermöglichen, erstmalig Räume mit großer Spannweite abzudecken.

Um die Mitte des 19. Jahrhunderts entstehen die meisten prunkvoll ausgestatteten Opernhäuser in Europa. Zu den bedeutendsten gehören die im Stil des Neubarock erbaute Große Oper in Paris, das von Gottfried Semper im Stil der Neurenaissance errichtete Dresdener Hoftheater und die Wiener Oper.

Das Innere des von Joseph Paxton im Jahre 1850 zur Londoner Weltausstellung errichteten Kristallpalasts.

Werkstoffe — Farben — Ornamentik

Die zu Anfang des Jahrhunderts herrschenden Bestrebungen nach Materialtreue und Baustoffgerechtigkeit bleiben auch während des Historismus weitgehend bestehen. Man versucht aber immer häufiger, eine Architekturfarbigkeit durch unterschiedliche Baustoffe zu erreichen. So kommen roter oder gelber Sandstein, Klinker- oder Ziegelsteine in unterschiedlicher Färbung, Strukturierung — oder mit farbigem Glasurüberzug — zum Einsatz. Verputzte Fassaden werden durch wechselnde Strukturen (Rauh-, Riffel- oder Wellenputz) belebt und teilweise durch Werksteinzier angereichert. Als Grundfarbtöne für Fassaden sind Hellgrau mit Rosa, Hellgrün mit Grau oder Hellgelb mit Weiß sehr beliebt. Fenster, Türen, Jalousien und Fensterläden werden in kräftigen Grün- oder Brauntönen gestrichen.

Um die Mitte des Jahrhunderts entwickelt sich die Dekorationsmalerei als besonderer Zweig des Malerhandwerks. Es werden neue Maltechniken entwickelt, die den rohen Neubauten einen entsprechenden Prunk verleihen. Die Holz- und Marmormalerei dient dazu, unechtes Baumaterial zu verdekken. Durch Ziehen von Strichen und Bändern in abgestuften Farbtönen sowie Aufmalen von Ornamenten

Die Treppenhäuser repräsentativer Wohnbauten sind vielfach reich ausgestattet. Marmorimitationen, Holzmalereien, Vergoldungen, freie Malereien und Schablonenmalereien werden als Schmucktechniken eingesetzt.

Die Treppenhäuser der Bürgerhäuser um die Mitte des 19. Jh. waren häufig mit wertvollen Baustoffen und reicher Malerei ausgestattet.

mit Licht- und Schattentönen versucht man, echten Stuck auf glatten Wand- und Deckenflächen vorzutäuschen. Man verwendet aber auch echte Baustoffe wie Marmor und Edelhölzer sowie strukturierte und kolorierte Prägetapeten.

Neben einfachen Kalkputzen kommen Kratz-, Spritz- und unterschiedlich eingefärbte Putze zum Einsatz. Auch geglättete Gipsputze (Stuckmarmor und Stucco-Lustro) sind üblich.

In Treppenhäusern wird der Sokkelbereich wegen der starken Beanspruchung mit Ölfarbe gestrichen, während die darüberliegenden Wandflächen meist Leimfarbenanstriche tragen. Die Ausmalung reicht von einfachen Begleitbändern und Schablonenmalereien bis zu kompletten Wand- und Deckenbildern sowie Oberflächenstrukturierungen.

Wohlhabende Bürger lassen auch ihre Wohnräume entsprechend dekorativ gestalten; die einzelnen Zimmer werden oft in unterschiedlichen Stilrichtungen ausgemalt oder tapeziert. Großer Wert wird auf glatte Anstriche gelegt. Dazu werden matte Wachsfarben oder glänzende Ölfarben verwendet.

Die technische und industrielle Entwicklung wirkt sich auch auf den Werkstoffbereich des Malerhandwerks aus. Als Neuheit kann die Entwicklung der Silikatfarbentechnik angesehen werden. Große Fortschritte werden in der fabrikationsmäßigen Herstellung von Pigmentfarben gemacht. Neben der Entwicklung neuer Mineralfarben entdeckt der deutsche Chemiker Runge im Jahre 1837 die ersten Teerfarbstoffe.

Durch die Erfindung der Tapetendruckmaschine und durch Verwendung von Rollenpapier entsteht ein neuer Industriezweig, der der Tapete zu größerer Bedeutung verhilft. Die in wenigen Jahrzehnten entstandene Stilrichtung des Historismus endet um die Jahrhundertwende durch die von England und Amerika ausgehende Arts and crafts-Bewegung (Jugendstil). Anstatt des Stilwirrwarrs ist man nun bestrebt, neue, meist der Natur entlehnte Formen zu verwenden.

Fassadenbemalung aus dem 19. Jh. Die plastischen Architekturteile der Fassade »Zum deutschen Haus« in Konstanz wechseln ab mit realistischer Malerei des Historismus.

Jugendstilfassade in Stuttgart mit reicher plastischer Verzierung. 1976 renoviert.

Jugendstil 1880 bis 1920

Wissenschaftlicher und technischer Fortschritt am Ende des 19. Jahrhunderts verändern Weltbild und Lebensstil der Gesellschaft. Die Stilrichtung des Historismus paßt nicht mehr in eine Zeit, die von Technik und Pluralismus bestimmt wird.

Unabhängig voneinander, geht von mehreren Ländern Europas eine Bewegung aus, die zu einer vollkommen neuen Richtung in der Kunst führt und sich allmählich über den ganzen Kontinent ausbreitet. In Deutschland bezeichnet man diese Kunstrichtung als »Jugendstil«. Der Name ist abgeleitet von der seit 1896 erscheinenden Zeitschrift »Jugend«, die sich als Förderer der neuen Kunstrichtung sieht. In England wird diese Entwicklung als »Modern style«, in Frankreich als »Art nouveau« und in Österreich als »Sezessions-Stil« bezeichnet.

Die Künstler des Jugendstils wollen nicht nur die angewandten und bildenden Künste erneuern, sondern Gesamtkunstwerke schaffen. Sie sehen ihre Aufgabe darin, die menschliche Umwelt, auch mit ihren alltäglichen Gegenständen, künstlerisch aus einer Hand zu gestalten und das Verständnis für eine handwerklich solide Form zu wecken. Zu den bekanntesten Vertretern der neuen Kunstrichtung gehören Peter Behrens, Hermann Obrist, Joseph M. Olbrich, Bernhard Pankok und Henry van de Velde.

Typisches Jugendstil-Ornament.

Baukunst

Erstmals seit dem Barock strebt man in der Architektur wieder eine Einheit zwischen Baukunst, Malerei, Plastik und Kunstgewerbe an. Bei den Bauwerken verwendet man einfache Formen, die erst durch Hinzufügen plastischer, bildnerischer Elemente die Würde eines Kunstwerks bekommen.

In Deutschland wird zunächst München zum Mittelpunkt der Jugendstilbewegung. Eine Gruppe von Künstlern, darunter Behrens, Endell, Obrist und Pankok, bemüht sich, mit neuen Formen dem Historismus entgegenzuwirken. Schwerpunktmäßig befassen sie sich mit der Innenraumgestaltung und graphischen Entwürfen. Um die Jahrhundertwende gründet Großherzog Ernst Ludwig von Hessen und bei Rhein auf der Mathildenhöhe in Darmstadt eine Künstlerkolonie, wo sich 23 namhafte Jugendstilkünstler schwerpunktmäßig mit Architektur, Kunstgewerbe und Raumgestaltung befassen. Im Jahre 1901

Wohnhaus mit Jugendstildekoration in München.

Ernst-Ludwig-Haus von Josef Olbrich in Darmstadt. Farbige Akzente bilden nur die Vergoldungen und die roten Treppenstufen mit den blauen Steineinlagen.

findet auf dem Gelände eine Ausstellung statt, die weltweites Aufsehen erregt. Zum ersten Mal wird die Einheit von Stadtbild und Wohnhaus, Möbel, Schmuck und Graphik nicht nur als Entwurf, sondern im Original vorgestellt.

Zu dieser Zeit hatte sich die Jugendstilarchitektur bereits weiterentwickelt. Eine größere Geschlossenheit der Form und eine gewisse Monumentalität kennzeichnen die Baukörper. Neben dem Flachdach wird das Walm- und Pyramidendach verwendet. Später verzichtet man auf den anfangs so häufig benutzten floralen Fassadenschmuck und beschränkt sich auf einfache geometrische Formen. Besonderer Wert wird auf die Abstimmung eines Bauwerks mit dem Straßenbild gelegt.

Werkstoffe — Ornamentik — Farben

Als Baustoffe werden die gleichen Materialien wie in der vorausgegangenen Epoche verwendet. Bevorzugt wird Gußeisen, weil sich das Jugendstilformengut, die dynamischen Linien, Kurven und Schwingungen, leicht mit diesem Material realisieren lassen. Massige Steinelemente werden durch schlanke und leicht wirkende Eisenträger ersetzt. Farbakzente an den Fassaden schafft man durch Mosaiken, farbige Majolikadekorationen und edle, polierte Steinarten. Häufig werden kleinere Flächen vergoldet.

Es werden die unterschiedlichsten Materialien miteinander verbunden, z. B. Gußeisen und Glas. Aus roh behauenen Natursteinen werden reiche Ornamente herausgearbeitet. Mit Schnitzereien verzierte Holztüren behalten meistens ihre natürliche Eigenfarbe, die sich mit den reich verzierten Gewänden verbindet.

In der Ornamentik herrschen wellige, fließende Linien und Bänder in Verbindung mit stilisierten Pflanzen- und Tiermotiven vor. Die Linienführung der Ornamente betont die Funktion der Architektur.

Von England aus entwickelt sich neben der floralen Stilrichtung eine mehr funktionale Tendenz mit rhythmisch geometrischen Formen. Die reine Fläche dominiert; als Farben werden Weiß, Schwarz und Gold eingesetzt.

Mit der Linienführung des Jugendstilornaments soll das selbständige Wachstum des organischen pflanzlichen Lebens symbolisiert werden. Blumenmotive werden meistens zweifach symmetrisch dargestellt. Schwertlilien, Seerosen, Sonnenblumen sowie Wald- und Wiesenblumen werden bevorzugt. Die Künstler des Jugendstils lassen sich auch von der Tierwelt inspirieren. Der Schwan mit seinem geschwungenen Hals, der grazile Reiher oder Pfau sind beliebte Motive. Auch die menschliche Gestalt findet ihren

Das »Majolikahaus« von Otto Wagner wurde 1898 in Wien erbaut. Die geschwungene Linienführung der Verzierung ist typisch für den Jugendstil.

Zu Beginn des 20. Jahrhunderts erlebt die Farbe bei der Raumaufteilung einen raschen Aufschwung. Sie ist als gestalterisches Mittel Ausdruck eines neuen Formgefühls. Dabei gehen starke Impulse von der Darmstädter Künstlerkolonie aus. Hier ein Raumentwurf des dort lebenden Architekten J. M. Olbrich.

Niederschlag in der Jugendstilornamentik. Zierliche, schmiegsame Körper, oft mit langwallenden Haaren, werden ornamental umgearbeitet.

In der Farbigkeit der Fassaden wendet sich der Jugendstil von den gesättigten und gebrochenen Farbtönen des Historismus ab — es wird eine klare Farbskala angestrebt. Weiß mit leichten Abstufungen bis hin zum Silbergrau ist die dominierende Farbe. Daneben werden Creme, Graurosa, Mauve, Blaßviolett, Oliv und Zitronengelb in milchig wirkenden Tonabstufungen verwendet. Leuchtende Farben dienen nur als optische Höhepunkte und werden sparsam eingesetzt. Die Epoche des Jugendstils ist kurz. Trotzdem wurde in dieser Zeit viel Neues entworfen und geschaffen.

Schon nach wenigen Jahrzehnten verlor der Jugendstil an Bedeutung, da es ihm nicht gelang, Baukonstruktion und Form mit den neuen Techniken in Einklang zu bringen. Die Folge davon waren Bestrebungen, eine neue Bauästhetik zu entwickeln. Der Wiener Architekt Otto Wagner (1841—1918) definiert diese neue Richtung folgendermaßen: »Die moderne Baukunst sucht Form und Motive aus Zweck, Konstruktion und Material herauszubilden. Sie muß, soll sie unser Empfinden klar zum Ausdruck bringen, auch möglichst einfach sein. Diese einfachen Formen sind sorgfältig untereinander abzuwägen, um schöne Verhältnisse zu erzielen, auf welchen beinahe allein die Wirkung von Werken unserer Baukunst beruht.«

Großwohnhaus in Berlin von Le Corbusier, 1957 erbaut.

Baukunst

Wenige Jahre vor dem Ersten Weltkrieg schließen sich Architekten, Künstler und Vertreter der Industrie zum Deutschen Werkbund zusammen, um die Qualität gewerblicher Erzeugnisse anzuheben. Sie lehnen allen ornamentalen Zierat ab. Ihr Gestaltungsprinzip beruht auf dem Zusammenwirken von Funktion, Werkstoff, Konstruktion und Proportion.

Im Jahre 1919 gründet Walter Gropius das Staatliche Bauhaus, eine Schule für gestaltendes Handwerk, Architektur und bildende Künste. Von dieser Institution gehen entscheidende Impulse für das Bauen, die Wohnraumgestaltung und die Formgebung von Gebrauchsgegenständen aus.

Der Schweizer Architekt Le Corbusier (1887—1965) tritt zur gleichen Zeit in Frankreich für diese Ziele ein. Er entwickelt Pläne für den Bau von Großwohnhäusern, deren Erdgeschoß aus einem Stützen- und Trägersystem besteht und als Ver-

Als Prototyp des funktionalen Bauens gilt das von Gropius 1911 erbaute Fabrikgebäude der Faguswerke in Alfeld.

Die Architektur der Wallfahrtskirche Ronchamp von Le Corbusier, erbaut um 1950, bildet den Übergang vom geometrisch flächenhaften Bauen zum plastischen Baustil mit organischen Bauformen.

kehrs- und Kommunikationszone dient. Darauf ruht ein mehrgeschossiger Skelettbaukörper mit Vorhangfassade, breiten Fenstern, Flachdach und Dachgarten. Ein zentral angeordnetes Erschließungssystem sorgt für den Zugang zu den wechselseitig übereinandergeschobenen Maisonette-Wohnungen. Die erste derartige Wohnanlage wurde 1946 bis 1952 in Marseille erbaut und enthielt in den 17 Wohngeschossen 337 Wohnungen für 1791 Bewohner. Später folgten weitere Bauten dieser Art, unter anderem 1957 anläßlich der internationalen Bauausstellung in Berlin.

Als Prototyp des funktionalen Bauens gilt das von Walter Gropius (1883—1969) im Jahre 1911 erstellte Fabrikgebäude für die Faguswerke in Alfeld, ein kubisch angelegter Skelettbau mit einer vorgehängten Fassade aus Glas. Durch die hohe Lichtqualität und das leichte Bauvolumen sollte auf das Arbeitsklima Einfluß genommen werden.

Mies van der Rohe (1886—1969) entwickelt unter Verwendung von Stahl und Glas neue Bauformen von äußerster Einfachheit und harmonischer Klarheit. Zu seinen bekanntesten Bauten zählt der deutsche Pavillon auf der Weltausstellung in Barcelona (1929). Stahlskelett und rechteckige Flächen aus Glas und Marmor sind horizontal und vertikal frei verwendet, so daß die Räume ineinanderzufließen scheinen.

Die Entwicklung der neuen Bauästhetik und des Kunstschaffens wird durch den Nationalsozialismus und den Zweiten Weltkrieg für viele Jahre unterbrochen. Als 1945 die Wiederaufbauphase einsetzt, hat der Massenwohnungsbau Vorrang. Quantität geht vor Qualität. In den sechziger Jahren wird die Fertigteil- und Systembauweise entwickelt, um den Nachholbedarf an Schulen, Universitäten, Verwaltungs- und Bürobauten zu decken. Hochhausbauten nehmen immer mehr zu. Sie entwickeln sich beinahe zu Prestigebauten eines Ortes.

Mitte der siebziger Jahre wächst

die Erkenntnis, daß durch Mißbrauch der technischen Möglichkeiten und die daraus resultierenden Wohnsilos und Trabantenstädte eine menschenfeindliche und seelenlose Wohnwelt entstanden ist. Das führt zu einem Umdenkungsprozeß und einer Abwendung von der Großtechnologie im Wohnungsbau.

Mit Hilfe des Schalbetons ist es möglich, auch freie Bauformen zu schaffen, wie z. B. die Wallfahrtskirche in Ronchamp von Le Corbusier. Zu der monotonen und nur auf Zweckmäßigkeit ausgerichteten Rasterbauweise versucht der Architekt Hans Scharoun mit der Berliner Philharmonie ein Gegengewicht zu setzen. Zahlreiche Winkel, Nischen und gestufte Ebenen bestimmen das Bild dieses Bauwerks. Das zeltartige Dach ist als Hängekonstruktion konzipiert. Im Inneren ist die Konstruktion deutlich ablesbar. Schräge V-Stützen und gerade Pfeiler bilden in den Foyers einen lichten Säulenwald, die Wandteile schneiden sich in verschiedenen Brechungen.

Ein weiteres herausragendes Architekturbeispiel ist das 1972 erbaute Olympiastadion in München. Die Architekten Behnisch und Partner integrieren Landschaft und Architektur, indem sie die Sportstätten mit einem zusammenhängenden, in weit ausschwingenden Kur-

Die Berliner Philharmonie von Hans Scharoun, ein Gegengewicht zu der monotonen Rasterbauweise.

Farbgebung der Wohnsiedlung Berlin-Zehlendorf von Bruno Taut.

Der Stuttgarter Fernsehturm ist der Prototyp für alle nachfolgenden Bauten dieser Art.

Vorgehängte Fassaden aus Stahl und Glas sind typisch für Büro- und Verwaltungsbauten des 20. Jahrhunderts.

ven konstruierten Zeltdach überspannen.

Durch das neue Medium Fernsehen entsteht in der zweiten Hälfte unseres Jahrhunderts ein ganz neuer Bautyp, der Fernsehturm. Als Prototyp gilt der von Fritz Leonhardt 1954 bis 1956 erbaute, 217 Meter hohe Turm in Stuttgart. Wie ein Fabrikschornstein ragt der aus einem Stahlbetonrohr bestehende Turmkörper in die Höhe, an dessen oberem Ende ein Korb für die Funktionsräume angebaut ist.

Farbe – Plastik – Schrift

In den zwanziger Jahren entsteht eine Bewegung, die sich verstärkt für das farbige Bauen einsetzt. Einer der Hauptvertreter ist der Magdeburger Stadtbaurat Bruno Taut. Seine expressive Farbgebung, z. B. für die Häuser eines Wohngebietes in Berlin-Zehlendorf, ist heute noch erhalten. Außer Taut gibt es noch weitere Vertreter, die sich für mehr Farbe im Stadtbild einsetzen. Der Architekt Ernst May vertritt den Standpunkt, daß Farbe ein gutes Mittel ist, um die in Typenbauweise entstehenden Wohnsiedlungen zu beleben.

Daneben gibt es aber auch eine Richtung, die die weiße Stadt propagiert. Sie entspricht der damaligen, besonders puristischen, funktionalistischen Architekturauffassung des Bauhauses. Farbe wird als romantisch angesehen, während Weiß Klarheit und Freiheit ausdrückt und die Durchgeistigung der Architektur repräsentiert.

Als Gegengewicht zu dem von vielen Architekten vertretenen Materialstil wird 1926 der »Bund zur Förderung der Farbe« gegründet. Diese Vereinigung strebt die Zusammenarbeit mit den Stadtverwaltungen und der Denkmalpflege an. Zielsetzung ist, Architektur nicht zu bemalen, sondern farbige Architektur zu schaffen.

In den Jahren nach dem Zweiten Weltkrieg ist zunächst kein einheitliches Farbkonzept zu erkennen. Bei den Repräsentationsbauten herrscht Materialsichtigkeit vor. Sichtbetonfassaden, strukturiert durch Schalung oder in Form von Waschbeton, sind die Regel. Eine Beschichtung mit Farbe wird abgelehnt bis in den achtziger Jahren sichtbar wird, daß Beton ohne eine Schutzbeschichtung zerstört wird.

Bei der Farbgebung von Putzfassaden ist in den ersten Nachkriegsjahren ein deutlicher Trend zu kräftigen Farben festzustellen, der jedoch Ende der sechziger Jahre abklingt. Ein typisches Beispiel ist das »Märkische Viertel« in Berlin. Hier wurde Farbe zur Gliederung der Häuserzeile, zur Umhüllung des Baukörpers und zur Signatur verwendet.

Bereits in den sechziger Jahren dieses Jahrhunderts werden in Architektenkreisen erste Stimmen laut, die die Prinzipien der Moderne in Frage stellen. Die Architekten Ungers und Gieselmann fordern in einer Veröffentlichung, daß Kunst wieder in die Architektur einziehen solle, damit der Verödung der Architektur Einhalt geboten werde. Bisher im Bauen vorrangig beachtete Elemente, wie Technik und Konstruktion seien zwar Hilfsmittel zur Verwirklichung von Architektur, aber nicht schon alleine Baukunst. Der Architekturkritiker und -historiker Charles Jencks sieht in der Architektur gar ein Werk des schönen Scheins und nicht nur ein Werkzeug der Zweckerfüllung.

Diese Tendenz führt zu einem Umdenken im Bauen und seit den siebziger Jahren zur Abkehr vom reinen, sachlichen Funktionalismus hin zu einer neuen Stilrichtung, die man als »Postmoderne« bezeichnet. Wörtlich übersetzt bedeutet dieser Begriff »Nachmoderne«. Damit läßt sich jedoch das postmoderne Bauen nicht richtig interpretieren.

Typische postmoderne Details an der Staatsgalerie Stuttgart von J. Stirling.

Baukunst

Die postmoderne Architektur will nicht nur Funktionserfüllung sein und sich auf die Vereinfachung der Grundform beschränken, sondern eine gegenständlich darstellende Architektur sein. Ein Fehler der modernen Architektur war, daß sie sich mit ihren Ausdrucksmitteln nur an eine kleine Elite richtete. Die Postmoderne versucht dagegen, den Anspruch des Elitären zu überwinden, indem sie die »Sprache der Architektur« erweitert und bemüht ist, auch den »Menschen auf der Straße« anzusprechen.

Aus dieser Erkenntnis heraus hat sich eine neue, populäre Formensprache entwickelt, die sich sowohl an eine strenge geometrische Ordnung hält und sich eines einfachen Formengutes bedient, als auch frei entwickeltes Design und freie Formenästhetik zu Wort kommen läßt. Nicht zu übersehen ist dabei die häufige Übernahme von Elementen vergangener Epochen — das sogenannte »Zitieren«. Dabei wer-

Säulen und Dreiecksgiebel, auch als Dach, sind charakteristische Formenelemente der Postmoderne und werden entsprechend überstrapaziert.

den aber aus den verschiedenen Quellen nur die Elemente ausgewählt, die am nützlichsten und am treffendsten sind, um daraus eine kreative, neue Lösung zu schaffen. Durch das Ineinandergreifen von verschiedenen und oft kontrastierenden Einzelformen steht die postmoderne Architektur in krassem Gegensatz zur Auffassung der Moderne vom reinen Baukörper.

Durch die Anwendung aller Gestaltungsmittel beim Bauen — vergleichender bildhafter Ausdruck, Ornament, Polychromie, traditionelle Überlieferung — will man erreichen, mit einer möglichst breiten Öffentlichkeit zu kommunizieren.

Farbe und Ornamentik

Die fast vollständige Verdrängung des Ornaments aus der modernen Architektur ist mit der Postmoderne beendet. Man verwendet platte, aufgeschnittene, oben aufgeschlitzte oder an der Basis gekappte Formen zur Belebung. Ebenso werden symbolhafte Collagen, stilisierte Naturformen unter

Kräftige, modische Farben akzentuieren formale Hervorhebungen, hier beispielsweise ein kleines Vordach.

Aufklaffende Fassaden, das Spiel mit Details und die Verbindung traditioneller Elemente mit neuartigen Konstruktionen kennzeichnen die Postmoderne auch im privaten Wohnungsbau.

Einbeziehung von Farb- und Materialeffekten eingesetzt. Die Verwendung des ornamentalen Dekors hat weltweit zugenommen, wobei Amerika eine große Anzahl farbenfroher Ergebnisse hervorgebracht hat.

Die postmoderne Architektur beschränkt sich nicht allein auf die Sprache der Formen, sondern bezieht die Farbe gleichfalls bereits während der Planungsphase mit ein. Dabei gibt es unterschiedliche Strömungen. In den USA geht man mit Farben und Formen viel unbefangener und spielerischer um als in Europa. Eine Vielzahl von applizierten Farbtönen, von aufgehelltem Rosa, Gelb und Hellblau zusammen mit gesättigten Grün- oder Rottönen wird zur Hervorhebung von Formen und Baudetails verwendet, oft in Verbindung mit natürlichen Baustoffen und teilweise auch bunten Leuchtstoffröhren. Dabei liegen die Grenzen zwischen Kitsch und Kunst mitunter dicht beieinander.

In Europa muß bei der postmodernen Farbgebung meistens Rücksicht auf vorhandene Baustrukturen genommen werden, deshalb werden hier die Farben zurückhaltender eingesetzt. Beliebt sind schwach gesättigte blaugraue bis rotviolette Farbtöne sowie leicht vergrautes Rosa, Hellblau und Hellbeige für Fassadenflächen. Primärfarben werden für Details eingesetzt.

Natur- und Kunststeine mit ihrer natürlichen Farblichkeit sind neben der applizierten Farbe ein weiteres fassadenschmückendes Element in der postmodernen Architektur. Allerdings handelt es sich dabei fast immer nur um vorgeblendetes »Steinfurnier«, das die eigentliche Stahlbetonbauweise verdeckt.

Bauten mit postmodernen Elementen sind heute an der »Tagesordnung«, allerdings ist die quantitative Zunahme einmal mehr mit der Verflachung des postmodernen Gedankens verbunden. So werden Versatzstücke wie Säulen oder Dreiecksgiebel oft beliebig und kataloghaft eingesetzt. Die ursprüngliche Zweisprachigkeit, die auf der einen Seite traditionelle Sehweisen berücksichtigt, andererseits auch hintergründige Zitate mit Witz und geschichtlichem Tiefgang bereithält, ist somit nicht mehr gegeben. So ereilte auch die Postmoderne jenes Schicksal, das einst die Moderne kompromittierte: die Redu-

Bis vor kurzem waren für den Massenwohnungsbau noch lieblose »Silos« errichtet worden. Mit der Postmoderne entstehen burgähnliche, verschachtelte Wohnbauten.

Fast schon überzogen verspielt sind die Elemente an postmodernen Fassaden.

zierung einer architektonischen Idee auf bloße formale, sinnentleerte Aspekte. Obwohl allerorts jene »post-postmodernen« Gebäude aus dem Boden gestampft werden, ist die Postmoderne heute bereits »tot«. Auch, wenn die postmoderne Bewegung zu manch skurrilen Auswüchsen führte, so hat sie doch Entscheidendes geleistet: eine neue, substantielle Auseinandersetzung mit der Architektur, mit der Bautradition, den geschichtlichen und topographischen Besonderheiten. Architektur reagiert wieder sensibler auf den Ort und die ästhetischen Ansprüche der Benutzer. Und nicht zuletzt entdeckte die Postmoderne die Farbe wieder. Was nach der Postmoderne kommt, ist unklar, zu vielfältig sind die gegenwärtigen Strömungen: High-Tech, Dekonstruktivismus und historisierendes Bauen existieren nebeneinander. Erst in einigen Jahren, vielleicht Jahrzehnten, kann man sich hier ein Urteil bilden.

Gilt als »das« postmoderne Bauwerk weithin: die Stuttgarter Neue Staatsgalerie des britischen Architekten James Stirling, 1979–1984.

Farbe ist für den Menschen früher genauso unentbehrlich gewesen wie heute. Lange bevor der Mensch sich Behausungen aus Holz oder Stein baute, benutzte er Farben, um seine religiösen Gefühle auszudrücken, um Schutz und Wohlergehen zu erbitten sowie seine Umgebung und Werkzeuge zu schmücken. Für die damaligen Menschen war Farbe ein von Geheimnissen umwittertes Medium.

Die Spur der Farben durch die Jahrtausende zeigt uns ein ständiges Streben nach Erweiterung der Farbpalette und deren Anwendung. Ein Leben der Menschheit ohne Farbe war und ist deshalb undenkbar.

Bei dieser eiszeitlichen Höhlenmalerei wurde die Handfläche als Schablone benutzt. Ockerfarbige Pigmente hat man mit Hilfe von hohlen Geflügelknochen auf den Felsuntergrund geblasen.

Prähistorie

Anfangs benutzten die Menschen der vorgeschichtlichen Zeit Farben überwiegend zur Bemalung ihrer Gesichter oder des ganzen Körpers, um ihre Stammeszugehörigkeit zu dokumentieren oder sich vor bösen Geistern zu schützen. Bei Ausgrabungen von 75000 Jahre alten Wohnsiedlungen der Neandertaler fand man rote und gelbe Farbstifte aus Ocker, die vermutlich diesen Zwecken dienten. Später schmückte man auch Gebrauchsgegenstände, Waffen und Wände der Wohnhöhlen mit Farbe. Tausende von Höhlenmalereien hat man in Südfrankreich, Spanien und Afrika entdeckt.

Bei den bekanntesten, vor 30000 Jahren entstandenen Malereien von Lascaux in Südfrankreich und Altamira in Spanien wurden feingeriebene Erdfarben (Kreide, gelber und roter Ocker sowie Holzkohle) mit Fingern, Holzstäbchen oder anderen Gegenständen auf die Wände aufgetragen.

Teilweise mischte man die Pigmente mit tonhaltigen Erden, um eine bessere Bindung zu erreichen. Nach dem Antrocknen der Zeichnung überzog man sie mit tierischen Fetten zum Schutz gegen Feuchtigkeit.

Eine andere Methode des Farbauftrags war das Zerstäuben. Mit Hilfe hohler Geflügelknochen blies man die Farbpigmente auf vor-

Felsmalerei mit Jagdszenen in einer Höhle in Kenia. Vermutlich um 7000 v. Chr. entstanden.

her mit Fett vorbehandelte Untergründe. Pinsel oder Bürsten hat man nicht gefunden, obwohl manche Techniken auf deren Anwendung schließen lassen. Auch die Schablonentechnik war bekannt. Die Farbe wurde zum Beispiel über eine auf den Felsuntergrund gehaltene Hand geblasen.

Roter Ocker dürfte die erste Farbe gewesen sein, die von den Menschen der prähistorischen Zeit verwendet wurde. Dieser Farbton hatte in erster Linie magische Bedeutung. Rot und Blut waren im Aussehen identisch, und Blut bedeutete Leben. Die rote Farbe sollte demnach vor dem Tod schützen.

Altertum

In den darauffolgenden frühen Hochkulturen der Assyrer, Babylonier und Ägypter trifft man neben den natürlichen gelben und roten Erdfarbpigmenten weitere Buntfarben an, die ebenfalls natürlichen Ursprungs waren, teilweise aber auch auf künstlichem Wege aus Mineralien hergestellt wurden. Ihre Anwendung diente in erster Linie zum Schmuck der Bauwerke und Gebrauchsgegenstände.

Die Kenntnis der Farbenherstellung wurde von den Griechen übernommen und gelangte später über die Römer nach Mitteleuropa. Die Ziegelreliefs an den Fassaden babylonischer und assyrischer Tempelbauten waren mit satten Blautönen verziert. Dabei handelt es sich aber nicht um pigmentierte Malerfarben, sondern um einen Glasfluß-Überzug. Die Farbigkeit wurde durch Hinzufügung von Kobalt- oder Kupferoxiden während des Brennprozesses erzeugt.

Für Malereien verwendeten die Ägypter und Griechen das grünlich- oder rötlichblaue Azurit, eine kristalline, mineralische Ablagerung aus Kupfererzen.

Eines der wertvollsten Farbpigmente des Altertums war der Lapislazuli, ein Halbedelstein, der durch Zerkleinern und Schlämmen zu einem gebrauchsfertigen blauen

Ägyptische Grabmalerei (13. Jh. v. Chr.). Als Farbpigmente wurden grünlich- oder rötlichblaues Azurit, Lapislazuli, Zinnober und Ocker verwendet.

Malpigment umgewandelt wurde. Sein Wert wurde mit Gold aufgewogen. Mit zu den ältesten künstlichen anorganischen Malpigmenten des Altertums dürfte Bleiweiß gehören, ebenso natürlicher Zinnober (in Schiefer eingebettete Quecksilber-Schwefelverbindung) und Smalte (pulverisiertes, durch Kobalt tiefblau gefärbtes Glas). Durch Einlegen von Kupfer in Essig erzeugte man Grünspan, der ebenfalls als Pigment verwendet wurde.

Des weiteren stellte man schon im

Babylonisches Ziegelrelief (6. Jh. v. Chr.). Bei den Blautönen handelt es sich um einen Glasfluß, dem Kupfer- oder Kobaltoxide zur Einfärbung hinzugefügt wurden.

Fresko aus dem Palast von Knossos auf Kreta (1450 v. Chr.). Die intensive und leuchtende Farbigkeit zeigt, daß die Palette der Pigmentfarben weit entwickelt war.

Ausschnitt von einer Holztafel aus dem Jahre 540 v. Chr. Rot aus dem Saft der Purpurschneke und Blau aus Lapislazuli sind die dominierenden Farben.

Altertum aus den färbenden Substanzen von Pflanzen und Tieren Buntpigmente her, indem man mit den Farbstoffen weiße Substrate einfärbte. Die Griechen verwendeten zum Beispiel den gelblichen Saft der Purpurschnecke und färbten damit Kreide ein. Dabei wandelte sich das wasserlösliche Gelb in ein unlösbares Purpurrot um.

Den Ägyptern war bereits das später in Europa zum Färben von Textilien weit verbreitete Indigo bekannt. Sie nutzten den pflanzlichen Farbstoff zum Einfärben von mineralischen Trägerstoffen und erhielten so ein blaues Farbpigment.

Als Bindemittel verwendete man im Altertum Gummiarabicum, Eiweiß, Bienenwachs, Hautleime und Kasein. Die Ägypter stellten schon um 1000 v. Chr. aus trocknenden Ölen und Harzen Firnisse her.

Gemalt wurde im Altertum auf farblosen oder eingefärbten Untergründen, die teilweise durch Einreiben von Wachs oder trocknenden Ölen geglättet wurden. Galle diente als Netzmittel, wenn mit wässrigen Farben weitergemalt wurde. Als Schlußüberzüge verwendete man Wachs oder Firnisse.

Die Mal- und Farbtechniken des Altertums sind uns überwiegend durch den Römer Plinius (23 bis 79 n. Chr.) überliefert worden.

Mittelalter

Aus germanischer Zeit ist nur wenig über die Verwendung von Pigmentfarben bekannt. Der römische Geschichtsschreiber Tacitus (50 bis 116 n. Chr.) beschreibt, daß die Germanen ihre Schilde aus Holz mit »auserlesenen« Farben bemalt und bestimmte Stellen in den Häusern mit »leuchtkräftigen hellen Erdfarben« verzierten.

Mit der Christianisierung und der Gründung der Klöster wurde auch die Kenntnis über die Herstellung von Farben und deren Anwendung aus dem Mittelmeerraum nach Mittel- und Nordeuropa gebracht. Anfangs wurden die Rezepturen von Mönchen in lateinischer Sprache schriftlich festgehalten. Die ersten in deutscher Sprache niedergeschriebenen Rezeptbücher für die Herstellung und Anwendung von Farben stammen vom Ende des 13. Jahrhunderts. Dabei wurden überwiegend Rezepturen des Altertums bzw. Übersetzungen aus lateinischen Aufzeichnungen übernommen. Eines der bekanntesten dieser Werke ist das um 800 in Italien entstandene Lucca-Manuskript. Darin sind 157 Rezepte für das Einfärben und Vergolden von Glas, Hölzern und Fellen sowie für die Herstellung von Farben enthalten. Auch in den deutschen Klöstern entstand eine Reihe von Schriften über die Herstellung von Farben, wie z. B. das große Kunstbuch des Klosters St. Quirin am Tegernsee (1470), das Nürnberger Kunstbuch des Klosters St. Katharina (1450) oder die Straßburger Handschrift (15. Jh.).

Die tatsächlich im Mittelalter verwendeten Malerfarben und Techniken stimmen nicht immer mit den aufgezeichneten Rezepturen überein. Viele Maler entwickelten ihre eigenen Herstellungsverfahren, die

Frühromanische Wandmalerei (um 800) an der südlichen Außenwand der Prokuluskirche in Naturns/Südtirol. Mit wenigen Umrißlinien und gekonnt verteilten Farbflecken hat der unbekannte Maler ein Bildwerk mit erregender Ausdruckskraft geschaffen.

Die frühmittelalterliche Anwendung von Buntfarben läßt sich besonders deutlich an den Illustrationen alter Buchhandschriften ablesen.

jedoch niemals schriftlich festgehalten wurden, sondern als Betriebsgeheimnis galten und deshalb nur mündlich von Generation zu Generation weitergegeben wurden.

Es kann hier nicht auf alle im Mittelalter verwendeten Pigmentfarben eingegangen werden, deshalb seien nur die wichtigsten erwähnt. Zinnober und Mennige sind die am häufigsten verwendeten Rotpigmente; sie wurden als fertige Produkte gekauft. An gelben Farbpigmenten sind hauptsächlich Ockerarten bekannt. Als kräftiges Gelb wird in alten Schriften das Auripigment genannt, eine natürliche Schwefelarsenverbindung, die bereits im Altertum als Farbmittel verwendet wurde. Der ebenfalls seit dem Altertum bekannte Lapislazuli wurde auch im Mittelalter von den Malern als Blaupigment verwendet, wegen seines hohen Wertes aber nur als Lasurfarbe auf hellen Untermalungen. In alten Rezeptbüchern finden sich immer wieder Aufzeichnungen über Imitationen des Lapislazuli-Pigments. Um das echte Lasurblau von den vielen

Nachahmungen zu unterscheiden, gab man ihm im 14. Jahrhundert die Bezeichnung »lazurium ultramarinum«, was auf die überseeische Herkunft des Rohstoffes hindeuten soll.

Gegen Ende des Mittelalters lernten venezianische und böhmische Glasbläser die bereits im Altertum bekannte Herstellung von Kobaltglas kennen. Durch Pulverisieren des tiefblau gefärbten Glases stellte man ein deckendes Farbpigment her, das als »Smalte« bezeichnet wurde. Bis um die Mitte des 19. Jahrhunderts wurde dieses Farbpigment verwendet. Als grünes Farbpigment findet in Mitteleuropa der bereits den Ägyptern bekannte Grünspan Anwendung. Bleiweiß diente vorwiegend zum Aufhellen dunkler Farbtöne. An Schwarzpigmenten kannte man Elfenbein-, Holzkohle- und Lampenrußschwarz.

Für die mittelalterliche Buchmalerei verwendeten die Maler farbige Pflanzensäfte, die mit Leim, Eiweiß, Honig oder klebenden Pflanzensäften gebunden wurden. Färberflechte (Lackmus) wurde zu roten und violetten Farben verarbeitet. Grün stellte man aus den Früchten der Kreuzbeere, aus Schwertlilienblättern oder schwarzen Johannisbeeren her. Aus Heidelbeeren, Indigo und Kornblumen wurden blaue Farbstoffe gewonnen.

Farbig gefaßte romanische Holzschnitzerei auf den Türflügeln im Dom zu Gurk/Kärnten (1220).

Im Mittelalter und bis in die Neuzeit hinein wurden die Farbpigmente zusammen mit dem Bindemittel auf einem Stein mit dem Läufer zu Mal- und Anstrichmitteln verrieben.

Schematische Darstellung der Körnung alter (links) und neuer, industriell hergestellter (rechts) Pigmente.

Titelblatt eines alten Rezeptbuches für die Herstellung und Anwendung von Farben aus dem Jahre 1535.

Früheste Farbenfabrikation

Über das ganze Mittelalter hinweg wurde die Herstellung von Farbpigmenten von den Malern oder von Manufakturen vorgenommen. Erste Zeichen einer fabrikationsmäßigen Herstellung finden wir am Anfang des 16. Jahrhunderts. Weil plötzlich ein hoher Bedarf an blauer Smalte bestand, gründete der Sachse Preußler ein Blaufarbenwerk zur Herstellung dieses Pigments.

Der holländische Kunstmaler und Heimatforscher Frans Mars aus Zaandam hat 1967 in einem Artikel die Entwicklung der industriellen Herstellung von Farbstoffen und Farbpigmenten in seiner Heimat festgehalten. Er berichtet, daß Mitte des 17. Jahrhunderts der Bedarf an Farbstoffen für Textilien immer größer wurde. Ein aus Brasilholz hergestellter Farbstoff war damals in Holland sehr beliebt. Weil aber die manuelle Zerkleinerung dieses Rohstoffes sehr aufwendig war, ging man dazu über, Windmühlen zu bauen, in denen man das Holz mit Hilfe von speziellen Mahlsteinen zu feinstem Pulver zerrieb, um dann daraus den Farbstoff zu extrahieren. Im Laufe der Jahre entwickelten sich aus diesen Mühlen Fabrikationsstätten für die Herstellung von Farbpigmenten für den Maler. Die Lieferung erfolgte direkt an den Verbraucher, der seine Anstrichfarben durch manuelles Verreiben von Pigment und Bindemittel mit Hilfe eines Reibsteines selbst herstellte.

Immer mehr mineralische Rohstoffe wurden aus verschiedenen Ländern eingeführt, und die Palette der Farbpigmente vergrößerte sich zusehends. Das führte zu einer Spezialisierung in den Fabrikationsstätten. So gab es zum Beispiel spezielle Kreidemühlen, während andere sich auf das Mahlen von Ocker und anderen Pigmenten verlegten. Qualitätsunterschiede ergaben sich durch Herkunftsort und Verarbeitung der Rohstoffe. Die Farbpigmenthersteller waren allein

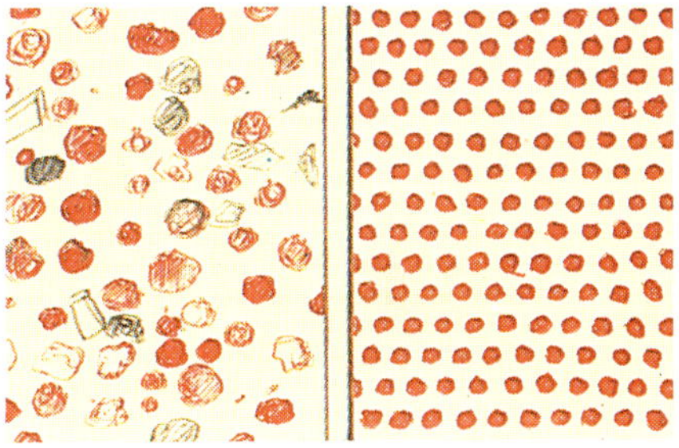

auf ihre durch Praxis erworbenen Fachkenntnisse angewiesen. Farblabors zur Untersuchung des Reinheitgehalts der gelieferten Farbstoffe gab es noch nicht.

Kreide wurde in großen Brocken angeliefert und in Schuppen gelagert, deren Wände mit Luftschlitzen versehen waren, damit die Luft die feuchten Kreidebrocken trocknen konnte. Vor dem Mahlen mußten größere Brocken zerkleinert und auf Feuersteinablagerungen überprüft werden. Letztere waren zu entfernen, weil sie sonst die Mahlsteine beschädigten.

Ein gut verkäufliches Farbpigment jener Zeit war das Ziegelrot, das durch Mahlen von gebrannten Dachziegeln hergestellt wurde. Anfang des 18. Jahrhunderts gliederte man den Farbmühlen die ersten einfachen chemischen Anlagen an, in denen man Metalloxidfarben herstellte.

Neuzeit

Das Streben nach immer mehr Buntfarben führte im 18. und 19. Jahrhundert zu ständig neuen Entdeckungen. Zu den ersten synthetisch hergestellten Farbpigmenten zählt das vom Farbkünstler Diesbach 1704 entdeckte und ab 1750 in größerem Umfang hergestellte Berliner Blau. Es wurde durch Fällen von Eisensulfat und Blutlaugensalz sowie anschließender Oxidation produziert. Durch Zusammenschmelzen verschiedener Metalloxide gelang es, immer wieder neue Farbmittel zu schaffen. Aus Kobalt- und Aluminiumoxid entstand 1777 das Kobaltblau und drei Jahre später aus Kobalt- und Zinkoxid das Kobaltgrün, nach seinem Entdecker auch Rinmannsgrün genannt. Um 1817 entdeckte man das Metall Cadmium, und schon wenige Jahre später wurden daraus auf chemischem Wege Gelb- und Rotpigmente hergestellt. Chromgelb produzierte man im Jahre 1809 erstmals labormäßig.

1828 gelang es dem Chemiker Gmelin, durch Zusammenschmelzen von Kaolin, Soda, Schwefel und Quarz Ultramarinblau herzustellen. Damit war es gelungen, endlich einen vollwertigen Ersatz für das seit Jahrtausenden bekannte Lapislazuli-Blau zu schaffen.

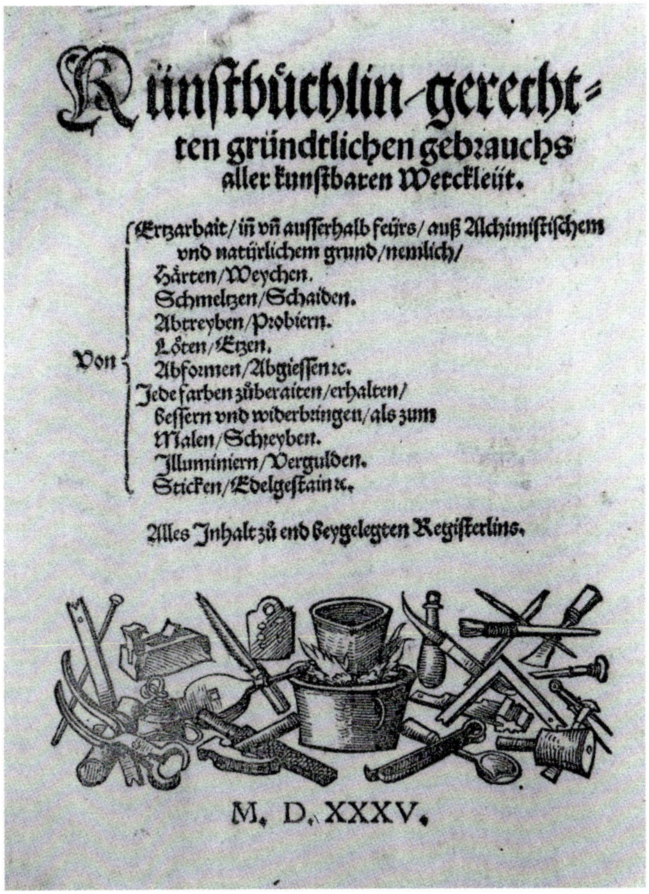

Künstbüchlin gerechtten gründtlichen gebrauchs aller kunstbaren Werckleüt.

Von
Ertzarbait/ in vnd ausserhalb feürs/ auss Alchimistischem vnd natürlichem grund/ nemlich/
Härten/Weychen.
Schmeltzen/Schaiden.
Abtreyben/Probiern.
Löten/Etzen.
Abformen/Abgiessen ꝛc.
Jede farben zůberaiten/erhalten/ bessern vnd widerbringen/ als zum
Malen/Schreyben.
Illuminiern/Vergulden.
Sticken/Edelgestain ꝛc.

Alles Inhalt zů end beygelegten Registerlins.

M. D. XXXV.

Revolution durch Teer

Ab der Mitte des 19. Jahrhunderts setzt eine ganz neue Entwicklung bei den Farbmitteln ein. Neben der anorganischen Farbpalette entsteht eine Palette auf synthetisch-organischer Basis, deren Ausgangsprodukt Teer ist.

Mineralische Rohstoffe dienen zur Herstellung von Farbpigmenten.

Für die Eisenerzeugung führte man 1735 die Verkoksung der Steinkohle ein. Neben dem dabei gewonnenen Koks fiel als Nebenprodukt Teer an. Wenige Jahrzehnte später war der Teeranfall so groß, daß es kaum noch genügend Verwendungsmöglichkeiten gab. Verstärkt wurde dieser Umstand durch die Einführung der Gasbeleuchtung Anfang des 19. Jahrhunderts.

Das weckte das Interesse der Chemiker an diesem Rohstoff. Als erster befaßte sich Friedrich Ferdinand Runge damit und entdeckte 1837 den Anilinfarbstoff. Eine praktische Bedeutung kam dem aber nicht zu. Erst dem Engländer William Henry Perkin gelang 1856 der Durchbruch: Er hatte sich die Aufgabe gestellt, durch Oxidation von Anilin und Kaliumbichromat synthetisches Chinin herzustellen. Was dabei herauskam, war allerdings ein leuchtend blauroter Farbstoff, der Wolle und Seide färbte und den er Mauvein nannte. Zwei Jahre später gründete er die erste Farbenfabrik. Damit begann die große Epoche der synthetisch-organischen Farbmittel. Weitere Entdekkungen folgten, aber erst mit Beginn der sogenannten Strukturchemie durch August Kekulen und andere wurde ein Fundament der theoretischen organischen Chemie geschaffen.

Während Teerfarbstoffe bis dahin mehr oder weniger durch Zufall gefunden wurden, war es jetzt möglich, die Entstehung eines neuen Farbstoffes mit ziemlicher Genauigkeit zu bestimmen. Es entstand eine Vielzahl neuer Farbstoffe, die jedoch nur zum Färben von Textilien, Papier oder Holz dienten.

Ab 1900 konzentrierte sich das Interesse der Forscher auch auf Pigmentfarben, die für das Malerhandwerk brauchbar waren. Es wurden geeignete Farbunterlagstoffe, wie zum Beispiel Grünerde, Schwerspat, Lenzin und Blanc-fixe gefunden. Durch Zusatz von Chemikalien gelang es, eine feste, wasserunlösliche Verbindung zwischen Teerfarbstoffen und Unterlagstoffen herzustellen. Man nannte dieses Verfahren »Verlakkung«. Die ersten synthetisch-organischen Farbpigmente waren nur wenig lichtbeständig, neigten zum Ausbluten und waren in wässerigen Bindemitteln schlecht benetzbar. Im Laufe der Jahrzehnte konnte man jedoch weitreichende Verbesserungen bei der Herstellung dieser Farbpigmente erzielen; heute stellen sie eine Vielzahl der verfügbaren Pigmente.

Bindemittelentwicklung

Vom frühen Mittelalter bis zum 19. Jahrhundert hat sich bei den Farbenbindemitteln nicht viel verändert. Anfangs wurde überwiegend in Kalktechnik gearbeitet. Im Laufe der Zeit kamen Fisch- und Hautleim, Kasein, Eiweiß, der Ausfluß von Kirsch- und Pflaumenbäumen sowie Wachse hinzu.

Leinölfirnis war ebenso bekannt, seine Herstellung jedoch unterschiedlich. Zuerst kochte man Leinöl nur dick und ohne Zusätze ein, später wurde durch Zusammenkochen von zwei Teilen Leinöl und einem Teil Bernstein ein lackartiger Firnis erzeugt. Eine andere Rezeptur belegt die Zubereitung aus Leinöl und Tannenharz. Durch Entschleimen des Öls mit pulverisiertem, gebranntem Kalk und anschließendem Kochen verbesserte man die Qualität des Bindemittels. Nach dem Kochen setzte man diesem Firnis eine bestimmte Menge Bleiweiß zu und stellte ihn mehrere Wochen in Gläsern an die Sonne. Dadurch dickte er etwas ein und wurde klar.

Die erste Verwendung von Lacken im heutigen Sinne im europäischen Raum läßt sich nicht genau nachweisen. Zwar war die Lackkunst seit dem 4. Jahrhundert im ostasiatischen Raum bekannt, und Händler versuchten, die dort verwendeten Lacke auch bei uns einzuführen. Ihrer Anwendung war jedoch kein Erfolg beschieden. Erstmals stellte man im 17. Jahrhundert in Holland Lackfarben aus Leinöl und natürlichen Harzen (Kopale, Bernstein, Mastix) nach Geheimrezepten her. Mitte des 19. Jahrhunderts fabrizierte man in England die ersten Öllacke und wenige Jahre später auch in Deutschland.

Neben der Entwicklung der Farbpigmente läuft auch die Bindemittelforschung weiter. Bis zum Beginn des Ersten Weltkriegs dienten natürliche Harze, Asphalte und fette Öle als Bindemittel von Öl- und Lackfarben. Nach dem Ersten Weltkrieg und besonders nach 1945 tritt eine rasante Entwicklung auf dem Gebiet der Bindemittel ein. Der Fortschritt bei den industriellen Produktionsmethoden zwingt zu schneller trocknenden Lacken. So wurde in Amerika, speziell für die Autoindustrie, der Nitrozelluloselack entwickelt. Diesem Schritt zur Herstellung synthetischer Harze folgten bald weitere. Wegen ihrer Härte, Chemikalienbeständigkeit

Im Lacklabor von 1866 wurde mit den gleichen Geräten wie in Apotheken gearbeitet. Rezepte und Verfahren waren wohlgehütete Geheimnisse des Sudhausmeisters.

Lackherstellung in den dreißiger Jahren: Befüllen eines Schmelzkessels.

Rohstoffe für die industrielle Herstellung von Lackfarben: Pigmente, Natur- oder Kunstharze als Bindemittel und Additive.

Die heutige Lackfarbenherstellung erfolgt in Walzen- oder Kugelmühlen. Hierbei werden die Pigmente zerrieben und gleichzeitig mit dem Bindemittel vermengt.

und Elastizität erlangten die bereits vor dem Ersten Weltkrieg entwickelten Phenolharze große Bedeutung. Parallel dazu verlief die Entwicklung der Holzöllacke.

Zu den wichtigsten Neuerungen zählen die ab 1931 hergestellten Alkydharze. Sie gehören zu den heute am meisten eingesetzten Bindemitteln.

Inzwischen sind weitere Kunstharzbindemittel entwickelt worden, die, entsprechend ihren Eigenschaften, für spezielle Zwecke verwendet werden. Zu den jüngsten Entwicklungen gehören die Silikonharze, Pulverlacke, Wasserlacke und Reinacrylate (Dispersionslackfarben).

Dieser Überblick über die Entwicklung und Anwendung von Farben hat gezeigt, daß Farben zu allen Zeiten in vielfältigster Art und Weise eingesetzt wurden. Ihre Bedeutung für den Menschen ist unverkennbar.

Fachbegriffe

Abakus Rechteckige Deckplatte als oberer Abschluß des Kapitells einer Säule.

Agora Versammlungs- und Marktplatz in altgriechischen Städten.

Akanthus Blattornamentik am Kapitell der korinthischen Säule, benannt nach der Bärenklau-Blattpflanze des Mittelmeerraumes.

Akropolis Hochgelegene Schutzburg mit Tempelanlagen fast jeder griechischen Stadt im Altertum.

Akroterion Aufrechtstehende Verzierungen an der Spitze und den Ecken des Giebeldreiecks an griechischen Tempeln.

Altarschranke Abgrenzung des Raumes vor dem Altar. Meistens aus Stein, Holz oder Metall.

Altarschrein Hölzernes, kastenförmiges Mittelteil eines Flügelaltars.

Amphitheater Antikes Freilichttheater mit ellipsenförmigem Grundriß und ringsum geschlossenen Sitzreihen, die stufenförmig angeordnet sind.

Ante Vorgezogene Seitenwände der Cella bei griechischen Tempeln.

Antentempel Älteste Form der griechischen Tempel, bestehend aus einem rechteckigen Raum (Cella) mit einer Vorhalle, die mit zwei Säulen zwischen den vorgezogenen Seitenwänden versehen ist.

Antependium Bekleidung oder Verzierung der Stirnseite des Altars.

Apsis Halbkreisförmiger, als Nische ausgebildeter Abschluß eines Sakralraumes.

Aquädukt Antike Wasserleitung, oft als über eine Bogenbrücke geführter Kanal.

Arabeske Dekorationselement aus stilisierten Blatt- und Rankenformen.

Architrav Waagrechter Balken, der auf den Kapitellen der Säulen ruht.

Archivolte Bandartige, von der Mauerwand abgesetzte Einfassung eines Rundbogens.

Arkade Auf Pfeilern oder Säulen ruhende Bögen in fortlaufender Reihe. Ebenso ein Gang, dessen eine Seite von offenen Bogenstellungen begrenzt wird.

Arkadenhof Innenhof bei Schlössern und repräsentativen Bürgerhäusern, der durch mehrgeschossige Arkadengänge umschlossen ist.

Atrium Oben offener, innenhofartiger Raum im antiken Wohnhaus, der als Empfangsraum diente. Später Vorhof der christlichen Basilika.

Attika Wandartiger Aufbau über dem Hauptgesims eines Bauwerkes zur Verdeckung des Daches. In der Antike besonders an Triumphbögen zu finden, wo Inschriften angebracht wurden.

Ballustrade Durchbrochenes Geländer an Treppen, Brücken, Balkonen oder als Dachabschluß.

Basilika In der Antike langgestreckter Versammlungsraum für Gerichtsverhandlungen. Das Christentum übernahm diesen Bautyp als Grundform für seine Kirchen, die mehrschiffig konzipiert waren (Mittelschiff und zwei niedrigere Seitenschiffe). Das Mittelschiff wird durch Fenster in der oberen Wandzone beleuchtet.

Basis Fuß von Säulen oder Pfeilern.

Bauhütte Mittelalterliche Werk- und Ausbildungsgemeinschaft der an einem Kirchenbau beschäftigten Handwerker.

Beschlagwerk Flache plastische Ornamente der Renaissance, meist symmetrisch angeordnete Bänder und Leisten, mit denen Flächen geschmückt wurden. Von den angedeuteten Nagel- und Nietköpfen ist die Bezeichnung abgeleitet.

Blendbogen Ein einer geschlossenen Wand vorgesetzter Bogen. Besonders in der Romanik und Gotik ein beliebtes Mittel zur Wandgliederung.

Bosse Roh zugerichtete, buckelige Vorderseite eines Werksteines, auch Buckelquader genannt.

Bündelpfeiler In der gotischen Baukunst mit Dreiviertelsäulen, den sogenannten Diensten, umsetzter Pfeiler.

Cella Von Mauern umschlossenes Kernstück des griechischen Tempels mit dem Götterbild.

Chinoiserie Bezeichnung für die Nachahmung chinesischer und ostasiatischer Formen in der europäischen Baukunst und Innenarchitektur des 17. und 18. Jahrhunderts.

Chor Über das Querschiff hinaus verlängertes Mittelschiff mit anschließender Apsis.

Chorbogen Bogenartige Abgrenzung des Chores vom Langhaus einer Kirche.

Chörlein Erkerartig vorragendes Bauteil bei Burgen und Patrizierhäusern des Mittelalters, das den Altarraum einer Hauskapelle umschloß.

Dachreiter Schlankes Türmchen auf dem Dachfirst einer Kirche, meist im Schnittpunkt von Langhaus und Querschiff, oft mit einer Glocke versehen.

Delphi Antike Kultstätte in Griechenland mit Tempelbauten, Theater und Sportstätten. Bekannt durch das Orakel von Delphi.

Diamantquader Prismenförmige, glatt bearbeitete Sichtfläche von Naturbausteinen. Erfindung der Renaissance.

Dipteros Griechische Tempelform mit doppelter Säulenstellung an den Längsseiten.

Dom Bezeichnung für Bischofskirche, häufig auch Münster genannt.

Dorische Säulenordnung Basisloser Säulenschaft mit scharfkantigen Kanneluren. Kapitell aus Echinus und Abakus, darüber Steingebälk mit Metopenfries. Ältester griech. Baustil (7. Jh. v. Chr.).

Echinus Wulstartiger Teil des dorischen Kapitells zwischen Deckplatte (Abakus) und Säulenschaft.

Eierstab Ornamentleiste aus aneinandergereihten eiförmigen Elementen.

Empore Galerieähnlicher Aufbau, der zum Innenraum hin offen ist. In Kirchen meistens beiderseits des Mittelschiffes.

Entasis Leichte Schwellung (Verdickung) dorischer Säulen im unteren Säulendrittel.

Epitaph Gedenktafel für Verstorbene an Wänden oder Pfeilern.

Eremitage Im Barock eine beliebte Bezeichnung für ein Garten- oder Lustschloß.

Fensterrose In den gotischen Kathedralen verwendete runde Fensterform mit reicher Maßwerkverzierung.

Feston Dekorationsmotiv in Form eines bogenförmigen Laub-, Blumen- oder Früchtegehänges.

Fiale Architektonische Zierform der Gotik in Form einer schlanken, spitzen Pyramide zur Bekrönung von Strebepfeilern. Im oberen Teil mit Krabben besetzt und von einer Kreuzblume bekrönt.

Fries Schmuckfeld über dem Tempel-Architrav, in der dorischen Ordnung aus Metopen und Triglyphen bestehend, in der ionischen Ordnung glatt oder skulpiert durchlaufend.

Frontispiz Giebeldreieck über einem vorspringenden Bauteil des Hauptbaukörpers. Kann auch über Fenster und Türen angebracht sein.

Gesims Meist horizontal verlaufendes, die Mauer leicht überragendes Bauelement zur Gliederung der Außenfassade.

Gurtbogen Quer zur Gewölbeachse verlaufender Bogen zur Gewölbeverstärkung oder Trennung von Gewölbejochen.

Hallenkirche Gotteshäuser, deren Seitenschiffe die gleiche Höhe wie das Mittelschiff haben, so daß ein Dach das ganze Langhaus überdeckt.

Hellenismus Epoche der Antike zwischen Alexander d. Gr. und Kaiser Augustus (336 v. Chr. – 14 n. Chr.). Ausklang der griechischen Kunst und Kultur.

Ionische Säulenordnung Mehrgliedrige Säulenbasis, Säulenschaft mit 20, durch Stege getrennte Kanneluren. Kapitell mit zwei schneckenförmigen Voluten.

Joch Grundeinheit des durch Pfeiler, Säulen und Arkaden gegliederten Raumes. Abstand zwischen zwei Säulenachsen eines Tempels.

Kanneluren Senkrechte, nach innen gewölbte Einfurchungen am Säulenschaft.

Kapitell Oberster Abschluß einer Säule. Er betont die Tragfunktion und bildet den Übergang zum Gebälk.

Karnies Zierleiste mit S-förmig geschwungenem Profil.

Kartusche Im Barock vorkommender und aus Rollwerk bestehender Zierrahmen für Wappen oder Inschriften.

Karyatide Weibliche, langgewandete Figuren, die anstelle von Säulen auf ihrem Haupt das Gebälk tragen.

Kassette Vertiefte, rechteckige bzw. quadratische Felder zwischen sich kreuzenden Deckenbalken. Oft mit Zierleisten gerahmt und mit Rosetten oder Reliefs geschmückt.

Kielbogen Geschweifter, spätgotischer Spitzbogen.

Knorpelwerk Knorpelartige Schmuckformen, fanden hauptsächlich während der Renaissance Anwendung.

Kompositkapitell In der römischen Baukunst entwickelte Form des Kapitells. Kombination aus ionischen und korinthischen Elementen.

Korinthische Säulenordnung Basis und Säulenform ähneln der ionischen Ordnung. Das kelchförmige Kapitell ist mit einer Doppelreihe von stilisierten Akanthusblättern umrankt.

Krabbe Blattartige Knolle als Verzierung an Fialen, Wimpergen und Strebepfeilern gotischer Bauten.

Kreuzblume Im Grund- und Aufriß kreuzförmiges Blattgebilde als Krönung von Fialen und Wimpergen während der Gotik.

Krypta Unterirdische Grabkapelle unter dem Chor einer Kirche.

Kuppel Überwölbter Raum in Form einer Halbkugel oder eines Kugelabschnittes.

Langhaus Langgestreckter Raumteil einer Kirche vor dem Querhaus oder dem Chor.

Laufender Hund Wellenförmiges, fortlaufendes griechisches Ornament.

Lettner Architektonischer Abschluß zwischen Mönchsraum und Raum der Laienbrüder in einer Klosterkirche.

Lichtgaden Obere, durch Fenster beleuchtete Zone des Mittelschiffes einer Kirche.

Lisene Flacher Wandpfeiler ohne Basis und Kapitell.

Mäander Rechtwinkliges, fortlaufendes, die Richtung änderndes Bandornament. Nach dem Fluß Mäandros in Kleinasien benannt, der zahlreiche verschlungene Flußwindungen aufwies.

Maßwerk In der Gotik geometrisches Schmuckwerk zur Gliederung von Fenstern, Giebeln und Wänden.

Megaron Hauptraum mit Herd im griechischen Wohnhaus. Davor meistens eine Vorhalle zwischen Anten.

Metopen Zwischen den Triglyphen liegende rechteckige Bildfelder am Fries griechischer Tempel mit dorischer Ordnung.

Narthex Vorhalle frühmittelalterlicher Kirchen.

Netzgewölbe Gewölbeform der Spätgotik mit netzartig überkreuzten Rippen.

Obelisk Nach oben sich leicht verjüngender Steinpfeiler mit quadratischem Grundriß und pyramidenartiger Spitze.

Obergaden Oberer, mit Fenstern versehener Teil des Mittelschiffes einer Basilika.

Oktogon Gebäude mit achteckigem Grundriß.

Palmette Ornament in Form stilisierter Palmblätter.

Peridromos Umgang zwischen Säulenkranz und Cellawand antiker Tempel.

Peristyl Säulenumgang, Säulenhalle, auch der innere Säulenhof bei antiken Wohnhäusern.

Perlstab Zierleiste aus runden oder ovalen Perlen mit dazwischenliegenden Scheiben.

Pfeiler Stützelement mit quadratischem oder mehreckigem Querschnitt.

Pilaster Aus der Wand hervortretender Pfeiler mit Kapitell und Basis, aber ohne tragende Funktion.

Polygonalmauerwerk Aus vieleckigen, nicht rechtwinklig behauenen Steinen zusammengefügtes Mauerwerk.

Portal Durch architektonische Gliederung oder Schmuck hervorgehobener monumentaler Eingang zu einem Gebäude.

Portikus Von Säulen oder Pfeilern getragene Vorhalle vor der Hauptfront eines Gebäudes.

Postament Sockel von Stützgliedern oder Statuen.

Propyläen Monumentaler Eingangsbau zu griechischen Tempelbezirken. Bedeutendste Anlage auf der Akropolis in Athen.

Pylon Turmartiges Gebäude mit nach oben abgeschrägten Wänden zu beiden Seiten eines ägyptischen Tempels.

Querhaus Quer zur Hauptachse einer Kirche verlaufender Gebäudeteil.

Rippe Stabförmige dekorative oder statische Verstärkung an den Schnittlinien von Gewölbekappen.

Risalit Vorspringender Teil einer Gebäudefassade, der auch höher sein kann als der Hauptbaukörper. Oft mit eigener Dachausbildung. Kommt häufig bei Barockbauten vor.

Rollwerk In der Renaissance vorkommendes Dekorationselement mit verschlungenen und aufgerollten Bandformen.

Rotunde Rundbau.

Rustika Mauerwerk aus großen, grob behauenen Steinen.

Säule Architektonisches Stützelement mit kreisförmigem Querschnitt.

Scheitel Höchster Punkt eines Bogens oder Gewölbes.

Schiff Längsgerichteter Raumteil einer Kirche.

Schlußstein Hervorgehobener Stein im Kreuzungspunkt von Gewölberippen oder im Scheitel eines Bogens.

Segmentbogen Flachbogen, dessen Kontur von einem Kreissegment gebildet wird.

Sphinx Liegender Löwe mit menschlichem Haupt. In der ägyptischen Baukunst üblich.

Stereobat Stufenunterbau (Fundament) bei griechischen Tempeln.

Stoa Griechische Säulenhalle, meist am Rande der Agora (Marktplatz).

Stylobat Oberste Stufe des antiken Tempelunterbaus, auf dem die Säulen stehen.

Supraporte Dekorativ belebte und gerahmte Fläche über dem Türsturz.

Tambour Zylinderförmiger Unterbau einer Kuppel.

Tholos Rundtempel, dessen Cella mit einem Säulenkranz umgeben ist.

Triglyphen Dreifach geschlitzte Steinplatten am Fries dorischer Tempel.

Tympanon Giebelfeld eines griechischen Tempels, meist mit Figurenrelief.

Vierpaß Aus vier Bögen, kleeblattförmig zusammengesetztes Maßwerk.

Volute Spiralförmig eingerolltes Ornament.

Wasserspeier Wasserabführendes Bauelement aus Blech oder Stein an den Dächern von Tempeln und gotischen Kirchen. Oft in tierartigen Formen.

Wimperg Giebelartige Bekrönung gotischer Portale oder Fenster.

Würfelkapitell Kapitell in Form eines Würfels mit nach innen abgebogenen Seitenflächen und Ecken.

Zahnfries Zierband aus hochkantig übereck gestellten Ziegelsteinen.

Bibliographie

Aus Lehm und Gold. Über 7000 Jahre frühe technische Kultur, DVA-Sachlexikon; Stuttgart 1967.

H. Busch und G. Edelmann, Europäische Baukunst; Frankfurt/Main 1970.

J. Cramer, Architekturfarbigkeit des 19. Jahrhunderts, in: Das Deutsche Malerblatt 1989.

dtv-Atlas zur Baukunst, hrsg. von W. Müller u. G. Vogel, 2 Bde., Frankfurt/Main 1974.

DuMont's Handbuch für Künstler, Köln 1986.

D. Eschmann, Jugendstil. Ursprünge, Parallelen, Folgen; Göttingen 1990.

K. Eyth u. F. Sales Meyer, Das Malerbuch. Die Dekorationsmalerei; Hannover 1990.

K. Gatz, Lehrbuch des Malerhandwerks; München 1948.

E. Gradmann, Baustilkunde; Bern ^{11}1977.

R. Hamann, Geschichte der Kunst; Berlin 1932.

M. Haslam, Jugendstil; Stuttgart 1990.

K. W. Hild, Der Weggenosse für den praktischen Maler; Stuttgart 1934.

H. Isenberg, Der Stilführer; Münster 1927.

Ch. Jencks, Die Sprache der postmodernen Architektur; Stuttgart ^{3}1988.

M. Kitson, Barock und Rokoko; Gütersloh 1967.

W. Koch, Baustilkunde; München 1988.

H. Koepf, Bildwörterbuch der Architektur; Stuttgart 1968.

Künstlerkolonie Darmstadt, Katalog Darmstadt 1990.

E. E. Lootz, Praktische Stilkunde; Wien 1955.

H. Machnow, Farbe im Stadtbild; Berlin 1980.

F. Mars, Aus der Geschichte der Zaandamer Farbenindustrie; Zaandam 1967.

R. Middleton u. D. Watkin, Klassizismus und Historismus; Stuttgart 1987.

H. G. Müller, Malfarben; München 1964.

E. E. Ploss, Ein Buch von alten Farben; Grafelfing 1989.

H. J. Rieger, Die farbige Stadt; Zürich 1976.

A. Scharf, Moderne und postmoderne Architektur; Dipl.Arbeit.

E. Schulz, Die Prediger auf dem Reißbrett; Stuttgart 1964.

T. Wöhrlin, Kleine Kunstgeschichte für Schreiner; Stuttgart ^{6}1993.

Fotos: Scharf, Nuding, Fachverband Fassaden-Vollwärmeschutz, Herberts, Marcel Fischer AG, Caparol, Fachschule für Farb- und Lacktechnik München.